何九盈·李学敏参观美东波尔兰德古灯塔

题辞

在古稀之年，我曾将自己的学术生涯总结为三句话：

永远要以振兴中华学术为己任；

要敢于向时间老人（亦曰历史老人）挑战；

要全心全意热爱自己的冷板凳。

录自何九盈《语言丛稿·自序》

2015年5月

全球化时代的汉语意识

何九盈 著

QUANQIUHUASHIDAIDE
HANYUYISHI

语文出版社
·北 京·

图书在版编目（CIP）数据

全球化时代的汉语意识 / 何九盈著. -- 北京 : 语文出版社，2013.8
ISBN 978-7-80241-835-6

Ⅰ. ①全… Ⅱ. ①何… Ⅲ. ①汉语—研究 Ⅳ. ①H1

中国版本图书馆CIP数据核字(2013)第165927号

责任编辑 南保顺
装帧设计 梁　明
出　　版 语文出版社
地　　址 北京市东城区朝阳门内南小街51号　100010
电子信箱 ywcbsywp@163.com
排　　版 语文出版社照排室
印刷装订 北京市兆成印刷有限责任公司
发　　行 语文出版社　新华书店经销
规　　格 890mm×1240mm
开　　本 A5
印　　张 6.75　1插页
字　　数 154千字
版　　次 2015年8月第1版
印　　次 2015年8月第1次印刷
印　　数 1-2,000
定　　价 20.00元

010-65253954（咨询）010-65251033（购书）010-65250075（印装质量）

出 版 说 明

此书为我社2007年出版的《汉语三论》一书的一部分。征得作者同意，《汉语三论》一书分编为两本，一本为《中国现代化进程中的语文转向》(外一种)，一本为《全球化时代的汉语意识》，仍由我社出版。原书前的《几点说明》和书末的《后记》，谨遵作者之意，一仍其旧，同时收录。

本社编辑部

2015年5月20日

几 点 说 明

一、这是三篇在内容上相对独立的论文，旨在研究现代汉语书面语的历史，普通话的历史，汉语如何走上世界等问题。这三大问题互有联系，故合为一书，名曰《汉语三论》。

二、《中国现代化进程中的语文转向》一文，在定稿过程中，邵永海、杨荣祥两位先生曾提出宝贵意见。

三、2004 年 2 月我应香港科技大学人文和社会科学学院院长丁邦新教授邀请，赴该院访问，曾以《转向》一文演讲。丁邦新、张洪年、孙景涛、张敏、朱晓农、杨荣祥、张军等先生，不吝赐教。此后，又应澳门大学中文系主任宋绍年教授邀请，以此题作为学术演讲，听讲同学及邓骏捷等先生亦有赐教。

四、2004 年 2 月 24 日，我应邀赴香港大学中文系作学术演讲，从《全球化时代的汉语意识》一文摘取部分内容，题为《母语与现代民族》作为讲词。承系主任单周尧教授、李敬忠教授和于昕先生及多位同学不吝赐教。

五、这三篇论文从构思、写作到定稿，历时近四年。每立一论，必有多种材料为据，而大量资料均属新购，教育部哲学社会科学研究重大项目的资助，为此课题的完成提供了重要保证。

六、对以上提到的给予本课题以各种各样帮助的单位或个人，在此一并深表感谢。

何九盈

2005 年 9 月 4 日

目　　录

1

提要：

“全球化时代的汉语意识”问题，是从未研究过的新课题。面对全球化，汉语应该有什么样的意识，才能走向世界，参与国际语言竞争，这是新时期提出的新任务。本文根据国内外的语言经验，尤其是欧美（法、德、美、俄等）的语言经验和近现代中国的语言经验，提出了一个初步理论框架，认为汉语意识应包括母语意识、传播意识、民主意识、规范意识等内容。

母语意识与传播意识相辅相成，民主意识与规范意识相辅相成。四者缺一不可。

本文重点探讨前两种意识，这在当前有很重要的实践意义。至于民主意识，虽很重要，但经验不多，论述只能是粗线条的。规范意识，一向很明确，论者已不少，本文从略。

壹、问题的提出

什么是全球化？什么是汉语意识？全球化与汉语意识之间有什么关系？

我提出的这三个问题，第一个问题已有不少研究，二、三两个问题乃本文首次提出，当然也就无人研究过。

一、什么是全球化

迄今为止，什么是全球化，还没有一个公认的标准的定义。可事实上，“全球化”已成为一个颇为时髦的名词。我们要研究现代化进程中的语文转向问题，就无法绕过这个名词，也可以说是无法绕过这个事实。

据李慎之（1923—2003）讲，他“是九十年代初在中国第一个提出全球化的人，当时响应者寥寥。不过九年，现在是人人都谈全球化了”。[1]

李慎之把“全球化”的历史进程分为两个阶段：

第一阶段是“从一四九二年哥伦布远航美洲，东西两半球因而汇合而开始的。……不过在九十年代以前，还没有人这样认识。因此我称之为‘没有被认识到的全球化’。九十年代开始，也就是哥伦布发现美洲五百年以后，全球化已成为人们的共识，因此我称之为‘被认识到的全球化’”。[2]

李慎之还认为：“全球化将是一个没有终结的过程，而且我们有理由乐观地期望全球化最终会给全人类带来永久的和平与无穷的福利。”[3] 又说：“全球化是一个不可逆转的过程，但我看达到这一结果必须要有五百年、甚至一千年的时间。”[4]

也有完全相反的意见。英国牛津大学的阿兰·鲁格曼在《全球化的终结》一书中，认为“全球化只是一个神话，它从来没有

---

① 李慎之.《全球化将是一个没有终结的过程》. 见乐黛云，［法］李比雄主编《跨文化对话》（2），29 页，上海文化出版社，1999.

② 同上书，31 页.

③ 同上.

④ 同上书，3 页.

真正发生过”。[1] 他的口号是“忘掉全球化”。[2]

我是大体上赞同李慎之的。不管人们愿意还是不愿意，“全球化是一个不可逆转的过程”。经济利益的驱动，国际商贸的驱动，文化交流的驱动，的确不可逆转。任何一个国家，如果自外于全球化，等待它的就是被别人“化”掉。全球化的实质就是全球现代化，全球经济一体化。不在于你喜欢不喜欢，也不在于你愿意不愿意。你喜欢也好，不喜欢也好；你愿意也罢，不愿意也罢，全球化是肯定要实现的。如何迎接全球化，如何在全球化进程中夺取机遇，这才是正道理。

毫无疑问，整个全球化过程不可能是一个和平礼让的欢乐过程，而是一个充满竞争、充满矛盾、充满文争武斗的复杂过程，是一个为时数百年、上千年的渐进过程。

以往数百余年的全球化已经走了三步棋。东西方不约而同地向海洋挺进，终于发现新大陆，环球航海成功，揭开全球化大序幕，这是第一步棋，是改写人类历史最伟大的一步棋。

1492 年，意大利航海家哥伦布奉西班牙国王之命，携带致中国皇帝的国书，以为从欧洲向西航行就可以到达东方，结果发现了美洲新大陆。后人把这一年作为世界全球化的起点。

1497 年，葡萄牙人达·伽马从里斯本出发远航印度，第二年来到印度西海岸卡利库特，成为欧洲第一位开通由大西洋至印度航线的航海家。

1510 年，葡萄牙驻印总督亚伯奎占领印度果阿，1511 年葡萄

---

① ［英］阿兰·鲁格曼．常志霄，等，译．《全球化的终结》．1 页，三联书店，2001.

② 同上书，22 页．

牙人用武力侵占马六甲。从此，果阿和马六甲就成为殖民者向东方挺进的两个据点。

出生于葡萄牙的麦哲伦参加过占领果阿和对马六甲的战争。后入西班牙国籍，并于1519年率西班牙船队，历时三年，完成了人类历史上第一次环球航行，麦哲伦本人在与菲律宾土著的战斗中，被岛民击毙。

1543年，相当于中国明代嘉靖二十二年，中国的文化精英还在四书五经中摸爬滚打、还在叩拜先师孔圣人时，而在近代世界史上，这是极为重要的一年，波兰天文学家哥白尼（1473—1543）的《天体运行论》出版，比利时医学家维萨里（又译为韦尔撒鲁斯、维塞留斯，1514—1564）的七册《人体结构》于巴塞尔出版。他们对“天体”“人体”的研究成果引起了人类宇宙观、世界观的深刻革命。所以，人们认为西方近代自然科学始于1543年。

全球化与近代化几乎密不可分。近代化促进了全球化，全球化又加深了近代化。

全球化与近代化是海洋文明的胜利，是近代自然科学技术的胜利，是中产阶级登上历史舞台所夺取的胜利，是西方文明压倒东方文明的胜利。从16世纪开始，东方成为西方的掠夺对象，整个东方基本上沦为西方国家的殖民地半殖民地，只有日本例外。日本也曾闭关锁国，1853年（中国咸丰三年）美国海军军官佩里（Perry，1794—1858）率舰队强行驶入浦贺港，1854年陈兵东京（江户）湾，迫使日本签订《神奈川条约》，日本同意开放下田、函馆两港，并同意美国在下田设立领事馆。从此，日本走上了“脱亚归欧”的变革之路，一度称霸东亚，而最终“日本是唯唯诺诺地屈服在西方的一个最大强国的军事占领之下”。[①]

汤因比在研究中日“西方化运动”进程时有“日本兔子和中国乌龟”[②] 这样的比喻。这个比喻跟龟兔赛跑的故事无关。“中国乌龟”向海洋展示国威，不仅远远早于“日本兔子”，也早于哥伦布将近100年。这就是人所共知的1405年开始的三保太监下西洋的故事，郑和七下西洋可证明初的国力和航海技术均雄居世界第一，中国已具备海洋大国的技术条件。然而，郑和似乎只是为航海而航海，既无哥伦布、麦哲伦那样的目的，又未取得伽马、佩里那样的效果。而且，后来的统治者再也没有永乐皇帝那样的雄心，视海洋为禁地，视西欧为“蛮夷”，龟缩在国门之内，完全不知道海洋对中国的生存有何等重要的意义。而世界并未忘记中国，西方资产阶级朝思暮想要敲开中国的铁门。如1793年、1816年英国两次派出使团出访中国。但乾嘉二帝完全不知道国际社会究竟发生了什么样的变化，也不知道中国自身正隐藏着巨大的危机，更不知道当务之急，必须放眼世界，走改革自救之路，否则，只有一天天烂下去，自取灭亡。所谓“国必自伐，而后人伐之”，这是真理。中国是一个幅员广大、文化历史悠久的大国，腐烂是一个极为漫长的过程，新生也是一个极为漫长的过程。烧了圆明园，还有颐和园，清王朝还可苟延残喘。汤因比曾将1853年美国佩里将军叩关日本与1793年英国马戛尔尼出访北京相提并论。他说：

1853年海军少将柏利（即佩里）的舰队出现于日本

① ［英］汤因比．曹未风，等，译．《历史研究》（下）．221页，上海人民出版社，1997.
② 同上．

领海后的15年内，他们不仅推翻了那个未能临机而起的德川氏政权（盈按：从1853年到1868年为15年。日本明治天皇在倒幕军的支持下，推翻德川幕府，改元明治），而且他们也完成了一个远为艰苦的任务，即代之而建立了一个能够自上而下地推行全面西方化运动的新政权。中国则用了118年的时间（盈按：指1793年至1911年辛亥革命）才完成了这一任务的小一半。1793年马甘尼（即马戛尔尼）勋爵使节团之到达北京，和60年后海军少将柏利的舰队之到达江户湾一样，是西方的增强了的力量的一次证明；然而在中国，直到1911年，旧制度的推翻还没有随之而来，并且以后取而代之的，不是一个有效能的西方化新秩序，而是国民党在一个世纪的四分之一时间内（1923—1948）未能克服的一种无政府状态，而当时这种所谓自由主义的西方化运动是由它掌握的。①

汤因比是站在西方立场来观察中国的，他的标准是东方的“西方化运动”，而我们的标准是近代化（现代化）、全球化。清王朝是现代化、全球化的障碍，1949年以前的北洋军阀和国民党政府同样是现代化的障碍。汤因比的意见是对的。这里的根本原因是中国未能产生占优势的中产阶级。在中国，商人始终没有政治地位，所谓全球化、现代化，如果没有工业、商业推动，只靠农民，是绝对“化”不起来的。俄国的彼得一世，日本的明治维

① ［英］汤因比．曹未风，等，译．《历史研究》（下）．220、221页，上海人民出版社，1997.

新都造就了大批中产阶级，国力也随之富强。汤因比认为："近代"的实质就是中产阶级。他说：

从我们现已描述过的接触的比较中得出的最有意义的结论是：把"近代西方文明"这一专门名词中的"近代"一词解释为"中产阶级"，"近代"一词就可以得到一个更为精确而具体的内涵。西方社会集团一旦产生了一个能够变成社会中占优势因素的资产阶级，它就已变成为"近代的"了。我们以开始于十五世纪末的西方史的新的一章为"近代的"，是因为就在那个时候，在比较先进的西方社会集团中，中产阶级已经开始进行控制了。①

中国的"近代"比西方晚了好几百年，中国的"中产阶级"至今未占优势。"中产阶级"是否就等于"资产阶级"，西方的"中产阶级"是否就等于中国的"中产阶级"，似乎不能画等号。这个问题很有探究的必要，而这不是本书的任务。总之，中国在全球化第一步棋中处于闭关自守状态中，失去了走向世界的大好时机，这跟中国当时的社会性质、阶级结构有根本关系。

全球化的第二步棋是欧洲资产阶级君临天下，挟枪炮兵舰之威和科学技术之巧，在东方残酷推行殖民主义。除日本外，东方各民族大遭其殃。中国的现代化两次被日本摧残。甲午战争和抗日战争，中国受的损失不堪言状，中国的"中产阶级"无法登上历史舞台。

经过两次世界大战和世界性的民族解放运动，全球终于创建了

① ［英］汤因比．曹未风，等，译．《历史研究》（下）．224页，上海人民出版社，1997.

“联合国”。各民族的命运与“世界”命运不得不联系在一起。这期间，许多弱小语言消失了，国际性语言进一步形成，竞争也越来越激烈。

在全球化的第二步棋局中，中国由败转胜，汉语也由弱变强。尽管“中产阶级”还很软弱，而阻碍中国社会发展的蒋介石政权被赶出了大陆，中国初步赢得了棋局上的主动权。

第三步棋始于20世纪末年。全球经济一体化，信息时代的到来，世界两大对抗阵营的趋同，冷战的结束，导致全球化的速度大大加快，前景也越来越明确。

一代又一代人在创造“全球化”，而历史并没有明确预先昭告人类，这就是“全球化”。中国人在全球化进程中付出了极为惨重的代价，也获得了再生与再造的机缘。在今后的全球化进程中，中国人承担的责任将是史无前例的，汉语传播的责任也由此而产生。在这里，我们先讲点历史材料，可证“全球化”的思想和中国人应如何对待全球化的问题，百余年前的思想家就已经有不少论述了，以王韬（1828—1897）为例。

我以为王韬是最早研究“全球化”的中国人。他的著作中还根本不可能出现“全球化”这个词，可他的思想认识确已达到了至少是接近了这个境界。他对哥伦布发现新大陆对整个地球会产生什么重大影响已有相当清楚的认识。他的《哥伦布赞》说：

> “获从古未获之地，开历来未有之局，名著地球，功在寰宇，惟哥伦布以当之而无愧矣。”①

---

① 王韬.《哥伦布赞》. 见《万国公报》42册，1892年7月，第20本，12929页。转引自王林《西学与变法》，53页，齐鲁书社，2004.

所谓“历来未有之局”，就是一个全球化新时代开始了，所以“功在寰宇”。

在《弢园文录外编》中有关“全球化”的思想表述得相当充分：

1. “今日欧洲诸国日臻强盛，智慧之士造火轮舟车以通同洲异洲诸国，东西两半球足迹几无不遍，穷岛异民几无不至，合一之机将兆于此。……故泰西诸国今日所挟以凌侮我中国者，皆后世圣人有作，所取以混同万国之法物也。”①

盈按：王韬说的“合一”“混同”就有“全球化”的意思。他是那个时代最具世界眼光、最具独立思考能力的知识分子。“东西两半球”的沟通，“火轮舟车”的制造，即新的地理发现和新的交通工具的产生，为“合一”“混同”创造了条件。但王韬毕竟是秀才出身，所以还是寄希望于“后世圣人”。

2. “故吾向者曾谓数百年之后，道必大同。盖天既合地球之南朔东西而归于一天，亦必化天下诸教之异同而归于一源。”②

盈按：王韬说的“道”还是孔夫子那一套。他说：“夫孔子之道，人道也。人类不尽，其道不变。三纲五伦，生人之物已具，能尽乎人之分所当为，乃可无憾。圣贤之学，需自此基。”③“天下诸教”都归于“孔子之道”，身处清朝末年的弱势中国，能发此惊世之论，真需要有极大的理论勇气和深远的世界目光。据报道，1988 年 1 月当时的法国总统密特朗召集 75 位诺贝尔奖得主在巴黎开会，会上物理学诺贝尔奖得主阿尔文博士的发言中

① 王韬.《弢园文录外编·原道》. 2 页，上海书店出版社，2002.

② 王韬.《弢园文录外编·变法上》. 10 页，上海书店出版社，2002.

③ 同上.

谈道：

> 人类要生存下去，就必须回到25个世纪以前，去吸取孔子的智慧。

王韬绝对想不到，百余年后的阿尔文也会有与他相同的看法。这固然是孔老夫子的学说早已成为世界级文化遗产，具有不可磨灭的永恒价值，也说明王韬的看法并非中国人的偏见，而是代表了部分中外人士的共同心声。

在国内有关报道中，曾将阿尔文个人的发言误传为“最后宣言”。李慎之深表“怀疑”，经多方调查，得到的答复很明确：“没有听说过。”会上“没有人提到孔子”。①

2003年4月23日，《中华读书报》有一篇综合报道，题目为《孔子精神的现世价值》，文中谈到中国兵器工业第五设计院高级工程师胡祖尧老先生花了一年多时间，查实物理学诺贝尔奖获得者阿尔文博士在巴黎集会的发言中的确说过这样的话。至今未见有人再提出异议。

问题在于王韬说的“孔子之道”，重点在“三纲五常”。今人所说的“孔子智慧”，重点在“天人合一”，“和而不同”。强调的重点已经很不一样，而且这些话的原意都应进一步研究。我个人以为，无论是现在还是未来，孔子的学说都很难成为救世良方。孔子的能量有限，价值也有限，未来的人类究竟用什么思想什么理论什么哲学来指导“全球化”，谁也无

① 李慎之.《诺贝尔与孔夫子》.《读书》1997年第1期，140页.

法预言。

3. “至今日，而泰西大小各国无不通和立约，叩关而求互市，举海外数十国悉聚于一中国之中，见所未见，闻所未闻，几于六合为一国，四海为一家，秦、汉以来之天下，至此而又一变。”①

盈按：“六合一国”，“四海一家”，当然是“全球化”的另一种表述。王韬的心态很可贵，很开放。大小各国都来通商于我，不仅不可怕，而且是好事呀。今日之“天下”已非秦汉时之“天下”，为国者的责任在于察变、应变，从变中求富强。

4. “呜呼！时至今日，泰西通商中土之局，将与地球相终始矣。至此时而犹作深闭固拒之计，是真妄人也而已，误天下苍生者必若辈也。”②

盈按：中西通商“将与地球相终始”，此乃高论，“全球化”不可逆转的道理就在于此。而当轴者仍然想拒西人于国门之外，甚至于有“扶清灭洋”的愚蠢举动，“误天下苍生者”正是慈禧之流的“真妄人也”。

5. “天时人事，皆由西北以至东南，故水必以轮舟，陆必以火车，捷必以电线，然后全地球可合为一家。中国一变之道，盖有不得不然者焉。不信吾言，请验百年之后。”③

盈按：王韬不愧为洞察社会发展走向的预言家。从那时到现在，“全球化”在中国正式提出，正好为一百年左右，你能不佩服他的洞察力吗！所谓“全地球可合为一家”，不比“地球村”

① 王韬.《弢园文录外编·变法中》. 11页，上海书店出版社，2002.

② 王韬.《弢园文录外编·睦邻》. 23页，上海书店出版社，2002.

③ 王韬.《弢园文录外编·变法自强下》. 34页，上海书店出版社，2002.

的说法更彻底吗!

6. “西人来中土贸易，其立论命意，盖亦极为广大而旷远，动以地球一家，中外一人为言。故见我中国因循自域，以外交为耻，而时作深闭固拒之计，被亦恒从而姗笑其间，以为识见之甚隘，襟怀之不旷。夫中国不欲尽开内地者，盖只见夫西人之日来，而不思华人之可往也。不知既已开埠通商，至一处无异于至各处，我之所宜与西国争者，额外权利一款耳，盖国家之权系于是也，此后日仁人杰士之所宜用心也。”①

7. “今就地球大势观之，而知东南之不及西北也。西北之人久至东南，而东南之人不能一至西北。试观盈地球中，皆欧洲人也。地球中灵秀沃腴之壤不过数处，而以中国为巨擘，地球之人无不欣羡焉。独惜中国迩来安于自域也。因循苟且，粉饰夸张，蒙蔽拘墟，刚愎傲狠，于欧洲之形势茫乎且未之知也。然则，亚洲之局不甚可危哉!”②

盈按：“亚洲半属欧人”，指当时亚洲的广大地区已沦为欧人的殖民地或半殖民地。“中国因循自域”，“安于自域”，“以外交为耻”，“于欧洲之形势茫乎且未之知”，凡此种种，都是对始于欧洲的“全球化”毫无认识，故不仅不能积极主动迎接全球化，参与全球化，争取平等互利，反而“因循自域”，良机一再丧失，教训极为深刻。

8. “故凡今之由分而强为合与合而仍若分者，乃上天之默牖其衷，使之悉其情伪，尽其机变，齐其强弱，极其智能，俾一旦圣人出而四海一也。盖天下之不能不分者，地限之也；而天下之

---

① 王韬.《弢园文录外编·除额外权利》. 73 页，上海书店出版社，2002.

② 王韬.《弢园文录外编·亚洲半属欧人》. 113 页，上海书店出版社，2002.

不能不合者，势为之也。道无平而不陂，世无衰而不盛，屈久必伸，否极必泰，此理之自然也。凡今日之挟其所长以凌制我中国者，皆中国之所取法而资以混一土宇也。……若夫拘于目前之见，狃于已然之迹，成败利钝，谓可逆睹，智取术驭，谓可长守。不审倚伏之机，不明顺逆之故。是犹醯鸡处瓮，别有一天；夏虫语冰，莫知其候也。故谓六合将混而一者，乃其机已形，其兆已著，惟见微知著之士，上稽天道，下悉民情。按诸中外古今之势乃足以语之，而非徒可以口舌争也。请以此言验诸来者。"①

盈按：王韬是个世界主义者、全球主义者，他的思想观念已大大超前。最为重要的有两点，一点是大胆预言"六合将混为一"。这跟《礼记·礼运》中的"天下大同"性质不同。王韬的分合论，"圣人出四海一"的理论，是根据东西两半球沟通之后所出现的碰撞、争夺、融合而提出来的。"一"的过程不可能是和平过渡，而是充满"机变""智能"的斗争过程、发展过程。《礼运》的"大同"属于乌托邦，王韬的"四海一"是"按诸古今中外之事"，"稽天道""悉民情"提出来的。世界众多民族谁来承担混一六合的任务？一般的回答，不要说在清末，就是在今日，仍会选择西方。而王韬竟然寄希望于中国。为什么？"凡今日挟其所长以凌制我中国者，皆中国之所取法而资以混一土宇也。"这比魏源 1842 年提出的"师夷长技以制夷"，又大大进了一步。魏源还停留在"夷"与"夏"之争，王韬根本不用"夷"这个词，他"取法""凌制我中国者"的根本目的，是要"混一土宇"。这一大胆预言非常难得，我们说王韬是预言英雄，恐怕

① 王韬.《弢园文录外编·六合将混为一》. 114、115 页，上海书店出版社，2002.

不算过分吧。

像王韬这样的文化人，很值得研究。他长期与洋人合作，却不迷洋；一生处于“国将不国”的乱世之中，却不自卑，也不盲目排外。他对灾难深重的中国充满自信。信心从何而来？来自传统，他的传统底气很足。传统底气一旦流失，文化人就会变得自轻自贱，在西化大潮面前抬不起头，从而成为“醯鸡”“夏虫”。现在的国力大大强于王韬时代，而文化人的“传统底气”反而越来越差。物质技术进步了，“汉语意识”反而越来越模糊了。为什么?！现在我们探讨什么是汉语意识。

二、什么是汉语意识

汉语意识是在全球化背景下提出来的，是在国际语言竞争的形势下提出来的，而且是在国际语言竞争中形势对汉语很不利的情况下提出来的。如果根本不存在全球化，根本不存在语言竞争，或者汉语在竞争中处于绝对强势的地位，我们不可能也没有必要提出汉语意识这样的问题。

总结160多年来的经验，我们才有可能提出这样的问题：汉语是有意识地参加国际语言竞争呢，还是听其自然甚至自愧弗如从而回避竞争甚至退出竞争“臣服”某一种强势语言呢？这就是汉语自身的意识问题。从长远来看，全球化带给汉语的是什么？是丧失自我还是发展自我？它的地位、身份、前景、命运如何？这都是汉语意识问题，也都是国际语言竞争过程中提出来的问题。这些问题都没有现成的答案。答案在竞争发展的过程中。我们的任务是要自觉地争取好的发展前途，虽然好的发展前途并不完全取决于汉语自身，而从理论上树立正确的汉语意识，这是可以做得到的。

正确的汉语意识应包括哪些内容呢？我以为有四个方面：母语意识，传播意识（或曰国际意识），民主意识，规范意识。

这四种意识全部体现两个字：竞争。所以在深入讨论这四种意识之前，我们要明确汉语的主要竞争对象是谁？汉语在跟谁竞争？答曰：英语。这一百多年来，汉语一直在跟英语竞争。汉语在国外失去的地盘，都由英语代替了。在日本、在韩国、在越南（取代汉语的是法语），汉语的地位曾经非英语可比。在国内的个别地方，汉语虽然一直是母语，而官方语言的地位曾经一度被英语占领，如香港。不仅中国如此，在国际上，英语也处于中心地位。以汉语为母语的人数虽说占世界第一，而汉语却长期处于边缘地位。

中心与边缘是否千秋万代永世不变呢？这不可能。有人说："英语的全球化，已经是不可逆转的局面了。"而英国语言学家戴维·格拉德则说：

> 在未来，占据统治地位的语言将不再是英语一种，而是好几种，"英语是世界语言"的观点已经过时了。

格拉德的意见是对的。只不过"英语是世界语言"跟"英语全球化"的提法一样，本来就不准确。我们应区分两个不同的概念。一是"世界通用语"或"国际通用语"，另一是"英语全球化"或"英语是世界语"。当我们说英语是国际通用语的时候，其全部含义仅仅相当于说：美元是国际通用货币。作为国际通用货币的美元，并不能取代人民币、卢布、马克、日元、法郎等。而且在许多国家或地区，它不能直接进入流通领域，要经过银行兑换才能实现其货币价值。同样，英语作为国际通用语，只能作为第二语言，无法取代他国的母语，在很多情况下要经过翻译。全球通用不等于“全球化”，更不是“不可逆转的局面”。世界通用不等于“世界语”。

“世界语”，这是一个已有明确定义的概念。《辞海》的释义是：

> 人造的国际辅助语。大都以印欧语系的语言为基础，在语音、词汇、语法上加以改革，使之易于学习。方案很多……汉语习称 Esperanto 为世界语。

很显然，当人们说“英语是世界语言”的时候，与这个概念无关。但顾名思义，所谓“世界语”当然就是全世界共同使用的语言，人人都以它作为说写工具、思维工具、交际工具。自人类有部落、民族以来，自人类有多种多样的语言以来，从来没有一种语言取得过“世界语”的资格。即使是拉丁语，随着罗马帝国的扩张，成为世界许多地区的官方语言、交际用语，但我们中国以及其他许多国家并没有受拉丁语的影响，更不用说以之作为说写工具了。根据格拉德的研究，英语的通用地位正处在“逆转”之中。他说：

> 在可预见的将来，英语仍是世界上最重要的语言之一，但不会再被多数人所欣赏，同时也会引发更多、更复杂的问题……只说英语的人——如美国人或英国人——都会感到在政治活动和商务活动中难度增加，并

会对周围的社会和文化现象感到不解。

格拉德进一步预测，到 2050 年，全世界以英语为母语的人口比例将从 20 世纪的 9%下降至 5%。在 1995 年，母语为英语的人口总数在世界上占第二位，占第一位的是以汉语为母语的人口。到 2050 年，母语为汉语的人口仍将处于首位，但在 15 岁至 24 岁年龄组中，母语为印地—乌尔都语和阿拉伯语的人数将超过母语为英语的人数，排到第二位，而这一年龄段讲西班牙语的人数仍将保持在第三位。

格拉德认为，虽然世界上将英语作为第二语言的人数在持续增加，但英语仍不会成为世界上被说得最多的语言，因为很多学英语的人的母语都是汉语，只是把英语当作第二语言。格拉德还注意到，在亚洲一些国家，雇主们已经开始雇用不讲英语的人。他据此预测，在未来 10 年里，汉语将成为一种新的、人们不得不学的语言。[①]

格拉德的看法并不完全正确，如说在未来 10 年里，汉语将成为“人们不得不学的语言”，在时间的估计上似乎过于乐观了。但格拉德的主要论点：“在未来，占据统治地位的语言将不再是英语一种，而是好几种。”这一预测是正确的。那种认为英语全球化已成不可逆转之势的观点是静止的，是对全球化为语言竞争提供更多的机遇这一重要事实，缺少足够的认识。

---

① 康忻冬.《英语 vs 汉语，50 年后谁领风骚》.《北京青年报》2004 年 3 月 1 日 A 叠 16 版.

三、全球化与汉语意识之间有什么关系

汉语地位的提升，就是全球化所造成的。因为有了“全球化”，中国迎来了从未有过的大好商机。跨国公司要“跨”进中国来，中国也要“跨”出去。跨来跨去，汉语就成了某些跨家“不得不学的语言”。因为“只说英语的人都会感到在政治活动和商务活动中难度增加，并会对周围的社会和文化现象感到不解”。在历史上，传教士为上帝而学汉语，现在商人们为金钱而学汉语。上帝不能使鬼推磨，钱却能使“鬼推磨”。如果不加小心，全球化有可能“化”掉汉语。但只要中国强大，不走或少走弯路，汉语就能吸引世界各地的“化外之民”。

在探讨全球化时代的汉语意识时，我们既要把经济与文化、语言联系起来，但又不要等同起来。经济全球化必然拉动、促进文化和语言的发展，而文化和语言发展无疑会受到强势文化、强势语言的影响，甚至是渗透、侵袭。我们的责任就是要保证文化、语言发展的大方向应该是本民族的。经济全球化不等于文化和语言也要全球化，文化和语言应该是多元化。经济全球化，会给人类带来好处。共同富裕，大家发财，大家都利用现代化的新技术、高科技，这还不好吗？可文化全球化，语言全球化，却没有任何好处。经济没有民族性，只有地区性；文化语言都有民族性，其中蕴藏着本民族的历史、传统、智慧、风俗、习惯、思维方式、道德原则、学术成果、思想资料等。所有这一切，如果都纳入“全球化”（实质上就是被某种强势文化、强势语言“化”掉），这不仅对本民族是巨大的灾难（意味着亡种亡国），对全球也没有任何益处，那将是一个极其单调的、没有异彩、没有互补

的“全球”。即使世界有“大同”的那一天，文化和语言还应保持多样性，世界通语可能只有一种，其他语言还应该有自己的独特地位。何况“民族”“国家”远没有到消亡的那一天。美国阿尔温·托夫勒的《第三次浪潮》专有一章写“民族国家的崩溃”，认为“跨国公司的兴起，正在改变全世界民族国家的地位”（421 页），“民族国家在这个世界上，已成了一个危险的时代错误”（429 页）。对不发达国家而言，这些理论才是最大的“危险”。

语言、文化的命运，就是民族的、国家的命运。民族的、国家的命运又取决于经济。你经济越发达，技术越发达，宇宙有飞船，海洋有航母，人民富得流油，鼓腹而歌，你的文化就越能走向世界，你的语言就越能走向世界。在多元化的格局中，你也能成为多“元”中的一“元”。格拉德说，“占据统治地位的语言”将“是好几种”。道理就在于此。如果你老想着“无产阶级”一统天下，老想着“闭关自守”，不愿意在国际舞台上竞逐繁华，结果是一穷到底，什么也“守”不住，不仅文化守不住，语言守不住，甚至连国土也很难守得住。一部近现代史，多少走上国际舞台的大好机遇，被“肉食者”错过了。汉语汉字挨骂的根本原因就在于此。汉语意识，说到底就是民族意识、国家意识、全球意识。汉语的全球意识，不是说汉语要全球化。汉语的全球意识是指汉语也要走上国际，是指全球化使汉语面临挑战的同时也为汉语的发展提供了大好机遇。

汉语不应该自轻自贱，向英语俯首称臣，让英语破坏自己的体系，破坏自己的纯洁性。“全民学英语”“疯狂学英语”，甚至连结婚证的封皮也印有“英文标注”，是不是过了头？“据估算：

每年在学习英语上的浪费也数以亿计。”香港中文大学某教授“也曾警告内地，盲目地全民学外语，会造成全民时间和金钱的巨大损耗”。“一项不完全统计表明，全国每年图书总码洋数为370亿元人民币，其中25%以上的出版物是各类型的英文书。”“还有人说，这世界上只有一个国家的人敢不懂其他国家的语言就满世界转悠，而且一开口就是本国语言，好像世界上每个人都必须懂他们的语言，这就是美国人，我们称之为话语霸权。”① 我们没有必要搞什么反“霸权”运动，也没有必要向霸权卑躬屈膝，围绕着“霸权”疯狂跳舞。汉语要自尊、自爱、自强。

2001年11月2日，《北京青年报》的专刊《生活时代》用三整版的篇幅登了一篇报道议论英语学习的长文。题目叫作《英语 你的绩优股 我的垃圾股》。文中提出了一个有意义的问题：

> 在英语席卷全世界的今天，谁能抵挡？在搜寻了世界200多种语言后，人们把目光落在了法语、华语和西班牙语身上。
>
> 但有专家预测华语取代英语最少还需50年。同理而言，西班牙语的势力更加弱小。

2004年3月1日，《北京青年报》A叠16版在报道戴维·格拉德的观点时，用的标题是：

---

① 李东颖.《英语 你的绩优股 我的垃圾股》.《北京青年报·生活时代》2001年11月2日.

英语 vs 汉语
50 年后谁领风骚

格拉德和上文提到的那位“专家”，都以 50 年为期。50 年并不算长，如果 50 年后，汉语真能像格拉德说的那样，也能成为“占据统治地位的语言”中的一种，那么，汉语在全球化时代的命运就值得我们引以为荣了，“使现代汉语重新获得汉语在历史上……曾有过那种光荣”① 的“梦想”，就算是实现了。

不少有识之士已不断提出，英语虽然目前风头正健，的确给跨国经济、网络文化带来了种种好处，可它自身正面临着种种难题。

哈佛大学的亨廷顿教授已注意到：“急剧发展的现实可能会使美国分裂为迥然不同的两个民族、两种文化和两种语言。”“拉美裔移民的大规模、持续涌入和区域集中导致他们在今后许多代一直说西班牙语。在 2000 年，美国有 2800 万人在家说西班牙语，有近 1380 万人的英语口语很差，这一数字自 1990 年代以来已经上升了 66%。而在迈阿密，西班牙语更是成为商业和政治活动中的主体语言。”②

还有文章指出：“慢说在世界范围里，就是在英语世界，英语也难以成为一种统一的语言。英国英语就不同于美国英语，澳大利亚和加拿大的英语也不同于英美英语；甚至在美国境内，除了白人的正规英语，还有究竟算不算英语正争论不休的黑人英

① 王耀文.《全球化语境中的汉语问题》.《中华读书报》2002 年 12 月 18 日.

② 辛本健.《拉美移民正在分裂美国》.《南方周末》2004 年 3 月 18 日.

语。这些不同英语之间的差别不仅在于发音，更在于词法和句法，有时其变异性大于同一性。”[①] 这些问题虽然不足以从根本上动摇英语的强势地位，但至少会削弱它的强势地位，会抑制它的霸权地位。而汉语在中国的处境就比较单纯，它几乎不存在任何挑战，汉族人口一直占绝对优势。汉语的地位问题主要来自国际，来自跨语际交流，汉语意识问题就是从全球化的背景中提出来的。汉语如果不面临激烈的竞争，不面临英语的挑战，不面临在全球化进程中如何才能成为赢家而不成为输家的重大抉择，基本上也就没有什么“意识”问题可言了。

贰、母语意识

关于母语意识，我们讨论以下四个问题：

一、母语意识是近代民族的产物。

二、台湾的两次母语危机。

三、海外华人的母语意识。

四、大陆内地的母语意识。

一、母语意识是近代民族的产物

在汉语中，“母语”有两个意思：

（1）一个人最初学会的一种语言，在一般情况下是本民族的标准语或某一种方言。

（2）有些语言是从一个语言演变出来的，那个共同的来源，

① 绿原.《英语能成为“世界语”吗》.《光明日报》1997年11月29日.

就是这些语言的特点。[1]

第（1）个意义讲的是个人语言出身的问题，是个人和民族共同语或这个共同语中的某种方言的关系问题。这种关系是所有初学语言的人无法自我预设、自我选择的，在这个意义上的“母语”也可以说就是“母亲的语言”。第(2)个意义上的“母语”也可以称为“祖语”“同源语”。这是有关专家们要研究的问题，基本上是学术范围内的课题，与一般人没有直接的紧密联系。

我们现在要讨论的是“母语”的第一个意义。每个人都属于一定的民族，每个人都有自己的母语。在绝大多数情况下，个人的民族身份和母语身份是完全一致的。所以，民族意识和母语意识在通常情况下，也是完全一致的。

古代也有民族，当然也有母语，为什么我们说：母语意识是近代民族的产物呢?

从中国的情况来看，古代根本就没有“母语”这样的词，也很少有类似“母语”这样的意识。一个漂泊者、一个身陷异域的人，也可能“乡音”不改，对自己的“乡音”很有感情，但都不是从民族的高度来认识母语的意义的。即使南北朝时期，北方的鲜卑语有挤压汉语之势，辽、金、元时代，汉语的地位也在一定区域，一定时期之内受到不同程度的挑战，但对汉人来说，似乎从未出现过母语危机感。这不是说历史上的汉人不爱汉语，而是汉族即使在失去政权的时候，在备受歧视的时候，也是主体民族、核心民族，人口占绝对优势、文化占绝对优势，汉语当然也

---

① 中国社会科学院语言研究所词典编辑室 .《现代汉语词典》. 增订本 . 901 页，北京：商务印书馆，2002.

始终占绝对优势。

到了近现代，汉民族的母语意识还是相当薄弱，远不如西方国家那样重视自己的母语，为自己的母语唱赞歌。相反，有少数知识分子，面对西方某些人士丑化汉语、将汉语“妖魔化”时，也不敢挺身而出为汉语辩诬。反而随声附和，攻之不遗余力，必欲废之而后快。这至少说明，汉民族虽然历史悠久，可在清末民初还不是一个成熟的能与资本主义国际社会抗衡的现代民族，当时的汉语理论研究几乎等于零。我们不能说，主张废弃汉语的人不是爱国主义者，他们无疑是爱国主义者。可他们对自己的母语如此丧失信心，反映了他们对于中国应如何走向世界，如何实现现代转型，不只是毫无经验，也毫无理论准备、心理准备。正如杨振宁所言：“另外还有一种说法是，中国语言是科学思想发展的主要障碍。这种理论曾被推至极端，以致有人曾建议中国语言必须被废除。自此可以看出中国知识分子当时的极度绝望的心理状态。”①

古代西方母语意识也不发达。他们相信语言神授说，相信人类语言是上帝赋予的。人类语言之所以有多种多样，也是上帝有意制造的。上帝既然能管人，当然也能管语言。《圣经·约翰福音》说：“语言与上帝同在，语言就是上帝。”（也译为：“道与神同在，道就是神。”现在的译文转引自朱文俊《人类语言学论题研究》，211 页）《旧约全书·创世记》第十一章讲的那个巴比伦示拿通天塔故事，说明了两个问题：一是人类原本只有一种共同语，“都是一样的语言”；二是上帝“在那里变乱他们的口语，使他们的语言彼此不通”。这两点都可证明：那时的人们还没有属于一定民族的母语意识。但这不等

① 《杨振宁文录》. 101 页，海南出版社，2002.

于说不存在事实上的语言竞争。圣经上说的语言“变乱”“彼此不通”，正反映了当年巴比伦地区的方言分歧，各方言的地位处于激烈变化之中。英国历史学家汤因比在他的名著《历史研究》中为通天塔故事提供了明确的历史背景。他说：

> 在各种解体的文明中，当其走上越来越严重的下坡路的时候，我们常能看到许多不同的语言随着以之为本国语言的人民的命运而彼此激烈地竞争，有的失败了便归于淘汰，有的胜利了便压倒对方而扩大自己的地盘。如果传说中所称示拿地方新筑巴别城中未完成的塔庙之下语音的混乱确有所据，那么这个故事也许就把我们带回到苏末人的统一国家正在崩溃时期的巴比伦；因为在苏末人历史灾难深重的最后一章中，苏末语言于其完成了作为传播苏末文化而独创的工具这一历史任务之后，也已变成了死的语言，同时就连阿卡得语虽曾一跃而与之分庭抗礼，现在也必得要跟许多蛮族军事集团带来的各不相同的外部无产者的方言作斗争。关于巴比伦语言混乱而使高塔不能完成的这一传说，很符合人生实际。①

两河流域是世界古文明发祥地之一。在这里有多种语言在历史发展过程中消亡了。苏末尔语消亡了，代之而起的阿卡得语消亡了，属于阿卡得语的亚述方言、巴比伦方言也消亡了。母语和国家都归于消亡，母语意识当然也就不可能得到发展。

① ［英］汤因比．曹未风，等，译．《历史研究》（中）．284 页，上海人民出版社，1997.

另外，在古代西方，拉丁语长期处于统治地位，驾临于各民族语言之上，这自然也影响到民族母语意识的生长发展。只有当近代民族、近代国家逐步登上历史舞台时，拉丁语的垄断地位开始动摇，终至丧失，而各民族的母语意识也随着该民族的独立得到蓬勃发展。

所谓近代民族，在西方即资本主义民族。资本主义民族、资本主义国家的诞生，意味着封建的中世纪的结束。在封建城邦林立的时代，僧侣及贵族垄断文化，他们看不起各民族自己的母语方言，而一般城市平民、资产阶级也不愿意受古典拉丁语的束缚，随着社会的转型，书面用语、文学用语也必然要发生转型。以发源于14世纪意大利人文主义为指导思想的文艺复兴运动和发源于16世纪德国的宗教改革运动，都是语言“本土化”、母语意识兴起的重要原因。“根据西方学者的考证，民族俗语真正成为中世纪欧洲文化的主要载体，始于基督教传教士的写作和布道。”“教会显然希望传教士可以通过民族俗语为更多的人指点迷津。因而在公元813年，教会专门颁布过一项教令，提倡传教士们用民族语布道。”① 任何一种民族共同标准语的形成和最后定位，都是一个几百年上千年的渐进过程。从用俗语“写作和布道”到俗语成为该民族的标准语，这中间有一段漫长的历史道路。意大利人是“近代欧洲的儿子中的长子”，② 所以先谈意大利人的母语意识。

1. 意大利人的母语意识

人所共知，谈起意大利人的母语意识，首先想到的是但丁。

---

① 杨慧林，黄晋凯.《欧洲中世纪文学史》. 68页，译林出版社，2001.

② ［瑞士］雅各布·布克哈特. 何新，译.《意大利文艺复兴时期的文化》. 125页，商务印书馆，2002.

但丁·阿里盖利（Dante Alighieri，1265—1321），恩格斯在《共产党宣言·1893年意大利文版序言》中已有定评：

> 意大利是第一个资本主义民族。封建的中世纪的终结和现代资本主义纪元的开端，是以一位大人物为标志的。这位人物就是意大利人但丁，他是中世纪的最后一位诗人，同时又是新时代的最初一位诗人。[①]

中世纪向新时代转型的重要标志之一是由拉丁文转向俗语，由文言转向白话，由“非国族化”转向“民族本土化”。

> 从“非国族化”到“本土化”的整部中世纪欧洲文学史，其实又是以语言为标志的族群意识和社会观念不断成熟、独立、最终居于主导地位的文化发展史。[②]

但丁在语言转型过程中，“是中世纪的最后一位”拉丁语“诗人”，“同时又是新时代的最初一位”意大利民族俗语“诗人”。故被誉为“意大利语之父”[③]“近代语言学先驱之一”。[④]

但丁能用两种语言（拉丁语、意大利民族俗语）写作，有成系统的语言理论。他在流放过程中约40岁左右写了两部名著：《飨宴》（*Convivio*），《论俗语》（*De Vulgaria Eloquentia*）。“如果

---

① 《马克思恩格斯选集》第一卷.249页，人民出版社，1972.

② 杨慧林，黄晋凯.《欧洲中世纪文学史》.4、5页，译林出版社，2001.

③ 王军，徐秀云.《意大利文学史——中世纪和文艺复兴时期》.51页，外语教学与研究出版社，1997.

④ 田德望.《神曲·译本序》.7页，人民文学出版社，2005.

说《飨宴》第一卷是维护意大利民族语言的宣言，《论俗语》就是建立标准的意大利文学语言的纲领。”①

但丁所说的“俗语”，从广义来说是指各个民族的母语，在意大利和欧洲其他一些民族是指与教会所用的拉丁语相对而言的。“俗语”的性质即民族语言，也是指意大利语言。《论俗语》有人译为《论意大利语言》，意大利语言也就是意大利人的母语。但丁说：

> 我们所说的俗语，就是婴儿在开始能辨别字音时，从周围的人们所听惯了的语言，说得更简单一点，也就是我们丝毫不通过规律，从保姆那里所模仿来的语言。此外还有第二种语言，就是罗马人所称的“文言”（译者注：原文是grammatica，照字面看是“语法”，实际上就是“文言”，即不是从听和说学来的，而是从语法规律学来的。对于当时欧洲人民来说，拉丁已成为这“第二种语言”）。这第二种语言希腊人有，其他一些民族也有，但不是所有的民族都有。只有少数人才熟悉这第二种语言，因为要掌握它，就要花很多时间对它进行辛苦的学习。在这两种语言之中，俗语更高尚，因为人类开始运用的就是它；因为全世界人都喜欢用它，尽管各地方的语言和词汇各不相同；因为俗语对于我们是自然的，而文言却应该看成是矫揉造作的。②

---

① 杨慧林，黄晋凯.《欧洲中世纪文学史》. 276页，译林出版社，2001.

② 《论俗语》卷一，第一章。这段文字有多种译法，这里引自朱光潜《西方美学史》上卷，126页，人民文学出版社，1964.

所谓"全世界人都喜欢它"，并不是说全世界人都喜欢某一种语言，而是说全世界人都喜欢"从保姆那里所模仿来的语言"，即自己的母语。"俗语更高尚"，也就是母语"更高尚"。但丁的《飨宴》《神曲》都是用意大利"俗语"写的，而《论俗语》反而是用拉丁文写的。因为前两部著作是写给人民大众看的，是要为建立意大利文学语言树立典范，后者是要给僧侣贵族们官吏们看的，让他们懂得"俗语""更高尚"，更为人们所喜爱。

但丁所说的"俗语"跟现代汉语中所说的"俗语"性质不同，这个翻译未必贴切。他说的"俗语"事实上是加工了的民族文学语言，被称为"光辉的语言"。标准有四：

"光辉的"，是指要根据各种俗语的材料（语词和发音）和语言规范（结构和词句），去芜存菁、推陈出新，进而建立起一种文学语言……

"基本的"，是指一种标准语言没有方言土语的局限性……

"宫廷的"，是指国家统一后使用的一种统一语言。

"法庭的"，是指具有高度正确性，合乎逻辑规律，经过字斟句酌，可以用之于学术的语言。[①]

但丁研究了当时意大利的14种方言，认为没有一种完全符合这四个标准。"只有圭多·卡瓦尔谌提和他自己以及其他优秀作家的语言，才适合做标准语和文学用语。"[②] 一种母语上升为文学语言之后，才有可能取得标准语的地位。而文学语言的造就不是

① 杨慧林，黄晋凯.《欧洲中世纪文学史》. 276、277页，译林出版社，2001.

② 田德望.《神曲·译本序》. 7页，人民文学出版社，2005.

一两个人就能完成的。在但丁的《论俗语》"出现以前，这个问题一定曾经是一个每天遇到的迫切的重要问题；意大利的各种方言很久以来就是热烈研究和争论的目标；而那一种典范的语言的诞生并不是没有经过许多痛苦而就达成了的"。[①] 就是《论俗语》问世之后，尽管这部书"很有价值"，但"很长一个时期几乎不为人所知"，[②] 理论的超前性往往要为实践所证实。参与意大利"优秀俗语"实践的，"正是那些站在台阶上的学识渊博、感情细腻的诗人们使用的语言，它是通过西西里诗派、尤其是通过以圭尼泽利、卡瓦尔坎蒂、奇诺和但丁本人为代表的'温柔的新体'诗派的创作实践逐步形成的。"[③]

"温柔的新体"（dolce stil nuovo）诗派，其作者大多为佛罗伦萨人，现代意大利语就是以佛罗伦萨方言为基础产生的。佛罗伦萨曾是托斯卡纳公国首府，故人们也说"托斯卡纳方言成了新的民族语言的基础"。[④] 意大利是拉丁语（原为拉丁姆区及罗马城语言）的故乡，古拉丁语和"俗语"的关系的确有点像汉语中文言和白话的关系。但也有不同，汉文言和白话纯粹是古与今的关系，而中世纪的意大利，并未形成统一的民族体，未形成统一的语言，拉丁语跟"俗语"的关系也就是"第二种语言"和母语的关系。但丁的《论俗语》的重大意义及其深远影响就在于从理论上

① ［瑞士］雅各布·布克哈特．何新，译．《意大利文艺复兴时期的文化》．311 页，商务印书馆，2002.

② 同上书，249 页．

③ 王军，徐秀云．《意大利文学史——中世纪和文艺复兴时期》．51 页，外语教学与研究出版社，1997.

④ ［瑞士］雅各布·布克哈特．何新，译．《意大利文艺复兴时期的文化》．372 页，商务印书馆，2002.

提升和捍卫了“从保姆那里所模仿来的语言”的崇高地位。

但丁及“温柔的新体”诗派虽然影响很大，“效仿者众多。不过意大利语的发展不久就在14、15世纪复兴古典文化的浪潮中被延滞了。由于缺乏任何集权型的政治权威，也没有堪与路德相比的权威人物，因此尽管意大利最早开始有意识地促进近代民族语言的形成，但成熟得却相对较晚，大约在17世纪，在吸收了其他方言以后，意大利语才呈现出其固定的近代形式。”[①]

2. 德国人的母语意识

德国人的母语意识兴起于16世纪的宗教改革。宗教改革家马丁·路德（Martin Luther，1483—1546）为了号召群众批判教会，采用德语作为自己的武器。1517年10月31日贴在维滕贝格万圣教堂大门上的《九十五条论纲》被译为德语，很快传遍了全德国。路德及其同道为了发动群众，争取群众，用德语写了很多宣传小册子。“小册子”的繁荣带来的是一种语言生动丰富的特殊文类，在近代德语形成的历史上它们功不可没。[②] 意大利“温柔的新体”诗派用精美的诗歌语言为意大利标准语奠定了基础，而路德却是用小册子大字报式的语言为德语争取了民族共同语的地位。恩格斯在《自然辩证法》中将路德与时代“巨人”列奥纳多·达·芬奇、马基雅维利、哥白尼相提并论。称赞“路德不但扫清了教会的积秽，而且也扫清了德国语言的积秽，创造了近代散文和撰写了那成为十六世纪的马赛曲（盈按：指路德的赞美歌《上帝是我们的坚强堡垒》‘Eine Feste Burg Ist Unser

① 项翔.《近代西欧印刷媒介研究——从古腾堡到启蒙运动》. 92页，华东师范大学出版社，2001.

② 同上书，105页.

Gott'，在德国一五二五至一五二六年的伟大农民战争时期中，成了起义的农民和平民的战斗的颂歌[①]）的充满胜利信心的圣歌的歌词和曲调”。[②] 路德为母语地位提升所作的另一重大贡献是在同道的协助下，用德语翻译希腊文本的《新约》和希伯来文本的《旧约》，“路德翻译的《圣经》全本或部分在其生前共出现了430种版本。有人估计在16世纪上半叶，路德《圣经》的印行量达到100万册，16世纪的后半叶的印量还要超过上半叶。”（项翔《近代西欧印刷媒介研究》，108页）印量如此之大，销售如此之广，对德语作为民族用语地位的提高无疑有极为重要的作用。

路德的论战风格也有极为粗鲁的一面。马克思批评他的一本“抨击性小册子”，“打破了论战中谩骂的最高记录……，这是16世纪最粗野下流的一本书”。[③] 苏俄作家奥·曼德尔施塔姆在《语言的本源》中称路德是“一个蹩脚的语言学家”，“因为他拿不出论据便用墨水瓶打鬼。反语言之火在西欧的土地上如同炎热的火山般在燃烧，使欧洲的躯体溃烂，使着火的地方永远变成文化贫瘠的土壤。什么东西也无法扑灭这饥饿的火焰。应当让它去烧，烧那些无人需要、人迹罕至的可恶的地方”。[④]

另外，“宗教战争的破坏性后果急剧地减低了路德型语言的影响。在三十年战争期间，德意志受到属于各种民族的雇佣军队

① 《马克思、恩格斯论艺术》（二）注释79条，495页，人民文学出版社，1963.

② 《自然辩证法》，5页，人民出版社，1961.

③ 曹葆华，译.《马克思、恩格斯论艺术》（二），131页，人民文学出版社，1963.

④ 《世界经典散文新编·欧洲卷》. 俄罗斯《明月般的朋友》，605页，百花文艺出版社，2004.

的蹂躏，而这就造成语言的退化。”[①] 1884年恩格斯给人的信中将俄德两语进行比较，说：“俄语是多么的美，它有德语的一切优点，然而没有德语的可怕的粗鲁。”[②] 在《法德历史资料》中批评“德国语言……在日常生活中却是很笨拙的……德国人的大量作品却是极其糟糕的东西。……只有那些或多或少地不依赖于语言的领域，在德国才是另一种情形。……我们的历史书籍是不堪一读的”。[③] 马克·吐温有一篇著名的文章，题目就叫《糟糕的德语》。

中国有一句俗话：“子不嫌母丑。”德国人对待母语的感情是很值得我们注意的。18世纪的哈曼（Hamann，Johann Georg，1730—1788）、赫尔德（Herder，Johann Gottfried，1744—1803）和后来的洪堡特（Humboldt，Wilhelm，Freiherr Von，1767—1835）等人对母语意识以及语言与民族的关系，都有理论上的研究。

哈曼是基督教思想家，是康德的友人。他认为，“热爱母语，就是热爱民族，热爱祖国。”“语言是民族的象征，是一个民族从事一切精神活动和维持社会联系的必要基础；一个民族的语言，记录着该民族走过的漫长的历史道路。对于民族的独立和统一，语言的作用和地位是至关紧要的。”[④]

赫尔德这个名字，人们并不陌生。他的那本《语言的起源》已列为世界名著。此书曾于1770年获柏林皇家科学院论文奖，并由科学院指定出版（1772）。赫尔德还是18世纪狂飙运动的领袖人物、哲学家、诗人。

---

① 《德国人》附录《糟糕的德语》. 429页，上海译文出版社，2007.

② 曹葆华，译.《马克思、恩格斯论艺术》（二），407页，人民文学出版社，1963.

③ 同上书，469页.

④ 姚小平.《洪堡特》. 143页，外语教学与研究出版社，1998.

英国布洛克的《西方人文主义传统》将赫尔德与维柯（意大利哲学家,《新科学》的作者，1668—1744）相提并论。

> 赫尔德像维柯一样，认为每一民族的民族特性的主要载体是语言。一个民族难道还有比自己祖先的语言更宝贵的东西吗？它的整个传统、历史、宗教、生存原则，它的整个心和灵魂全都装在它的语言里。[①]

赫尔德在《起源》中用诗一样的语言描述儿童获得“母语”的欢乐和重大意义：

> 父母向孩子传授思想的同时，便向他们传授了语言的概念。
>
> 父母亲借助语言，把自己的全部心灵、全部思维方式传授给了孩子；正由于这一切是他们自己的思想、感觉和发现，他们才乐于传授。当婴儿开始口齿不清地说出一些话时，这些话对他来说代表着父母的感情；在咿呀学语中，他的舌头和心灵逐渐成型，词语及其所含的父母的感情一再得到重复——把这些词称为“母语”，真是再恰当不过了。
>
> 我们的母语是我们最早见到的世界，是我们最早知觉到的对象，也是我们最早感受到的活力和欢乐。时间和空间、爱和恨、欢乐和活动等附属概念，以及儿童火

① ［英］阿伦·布洛克．董乐山，译．《西方人文主义传统》．116、117 页，三联书店，1998.

热的心灵中所产生的一切思想，也都随着母语一同得到持久保存。于是，就形成了部族（Stamm）的语言！①

洪堡特对母语意识的论述，姚小平先生在《洪堡特——人文研究和语言研究》中有所介绍：

像赫尔德一样，洪堡特也经常谈到母语的重要性。"与一种异族语言相比，祖国的语言（Die Vaterländische Sprache）不论对于有文化者还是对于无文化者都具有一种强大得多的力量和亲近感……"（《论差异》（五卷本）Ⅲ：223）母语给人的这种亲近感，多年客居异国的洪堡特是深有体验的："每当一个人听到母语的声音，就好像感觉到了他自身的存在。"（同上，又见《导论》，433）洪堡特那一代德意志文化人，已经普遍抛弃用拉丁语或某种外语写作的旧习，而以使用德语为荣。洪堡特本人的著作，除个别篇外，都是用德语写成的。他也习惯用德语写信。②

每一个个人都有自己的母语，而每一个个人又归属于一定的民族，每一个民族都有自己的共同语。所以母语意识虽说是个人意识，但更重要的是属于民族意识。洪堡特对语言和民族的关系也有很深入的论述：

---

① ［德］J. G. 赫尔德．姚小平，译.《论语言的起源》. 87、88、89 页，商务印书馆，1998.

② 姚小平．《洪堡特》. 144 页，外语教学与研究出版社，1998.

语言受到民族起源的制约，这一点相当明显地反映在语言按民族来划分这个事实上。这种制约是不言而喻的，因为民族起源极其强烈地影响着个性，而每一具体语言则极为紧密地与个性联系在一起。语言产生自人类本质的深底，同时，语言与人的民族起源也建立了真正的、实质性的联系。假如不是这样，那么，为什么一种母语无论对于文明人还是对于野蛮人都具有一种远胜过异族语言的强大力量和内在价值，为什么母语能够用一种突如其来的魅力愉悦回归家园的耳朵，而当他身处远离家园的异邦时，会撩动他的恋乡之情？……每当我们听到母语的声音时，就好像感觉到了我们自身的存在。(69 页)

语言无时无刻不具备民族的形式，民族才是语言真正的和直接的创造者。(45 页)

人类语言的结构之所以会有种种差异，是因为各个民族的精神特性本身有所不同。(51 页)

我们需要进一步探讨语言结构在具体形式上的差异。①

洪堡特还发表过《论语言的民族特性》《论人类语言结构的差异》②。从洪堡特对“母语”一系列论述中，我们体会到，加强母语意识的认识，除了对加强民族意识和国家意识有积极作用之外，对语言研究本身而言也是非常必要的。承认民族有别，母语

① ［德］J. 威廉·冯·洪堡特. 姚小平，译.《论人类语言结构的差异及其对人类精神发展的影响》. 45、51、69 页，商务印书馆，1997.

② 均见姚小平，译.《洪堡特语言哲学文集》. 湖南教育出版社，2001.

有别，研究者的任务就是要找出这种“别”，对这种“别”作独特考察。从这个意义上来说，汉语研究就应该有自己的特点，中国语言学在汉语研究这个领域也应该有自己的特色。如果盲目反对中国语言学要建立自己特色的提法，那也就是不承认汉语结构与西方语言存在差异，其结果就是一味跟着西方语言学跑，进而发展为轻视本民族语言，轻视自己的母语，恨不得以英语作为自己的母语。19 世纪洪堡特已经在理论上解决了的问题，至今有些人还很糊涂，不能不说是我们的汉语理论实在太落后。

赫尔德、洪堡特的母语意识、民族意识也曾被德国民族主义者加以利用，挑起民族之间的仇恨，敌视异族语言。布洛克特别指出，这与赫尔德的理论无关。

> 后来虽然有一种心胸褊狭的和侵略性的民族主义玷污了这种民族思想，但在赫尔德原初的看法中是没有它的痕迹的。①

“洪堡特严厉批评过那种敌视异族语言，以为本族语完美无缺的态度，称之为‘难以理喻的民族狂热’。”②

德国人母语意识的成长还受惠于格林兄弟（Grimm Brothers 雅各布，1785—1863；威廉，1786—1859）。他们是举世闻名的童话作家，也是著名的语言学家。童话跟母语、国家标准话有什么关系呢？请听美国人斯宾塞·韦尔斯如何说：

---

① ［美］阿伦·布洛克．董乐山，译．《西方人文主义传统》. 117 页，三联书店，1998.

② 姚小平．《17—19 世纪的德国语言学与中国语言学》. 35 页，外语教学与研究出版社，2001.

在德国发生的建立国家语言的过程，可以最好地说明语言是如何与民族性相融合的。雅各布·格林和威廉·格林是著名的童话作家，欧洲的孩子是听着他们的故事长大的。但很少有人知道雅各布·格林还是一位很有造诣的语言学家，他曾致力于研究德语的发音变化，比如印欧语中的“b”如何在德语中变成“p”等等。格林兄弟的工作——至少是一部分，是要帮助讲德语的人学习统一规范的德语。从语言研究的角度，这种努力是要规范德语的用法，以创造标准的国家语言。换句话说，通过童话，他们要写下德国的民族文化，以铸造一种民族的国家性。德国逐渐变为“德意志”，而格林兄弟等知识分子正是这种新观念的建筑师。①

德国自然科学家、哲学家莱布尼茨（1646—1716）以及诗人、思想家歌德（1749—1832）都在理论上、实践上为德语的发展、完善作出过自己的贡献。

3. 法国人的母语意识

法国人有强烈的母语意识，这是全世界闻名的。斯宾塞·韦尔斯在同一部书中“凋零的母语”这一节里是这样说的：

如果你到法国旅行，法国人对自己的语言的热爱程度一定会给你留下极其深刻的印象。法兰西学院是法语

① ［美］斯宾塞·韦尔斯．杜红，译．《出非洲记——人类祖先的迁徙史诗》．155 页，东方出版社，2004.

> 的官方保卫者，它像鹰一样监视着法语的说和写，保护它不受其他语言的影响。[①]

法国人有今天这样强烈的母语意识，乃是几百年发展的结果。我们从“七星诗社”成员之一杜倍雷谈起（Joachim Du Bellay，又译为杜柏雷、杜贝莱、杜·贝雷，1522—1560）。1549年（相当于明嘉靖二十八年）他“发表了有名宣言《保卫与发扬法兰西语言》，提出七星诗社的主张，即谨慎地模仿和借鉴意大利文艺复兴的作品和古典的文学形式和语言，使法语更加丰富多彩”。[②] 他们的语言行为带有盲目复古倾向，往往受到批评。

16世纪还有一位学者兼印刷家埃蒂安纳（Estienne，Henri II，1528—1598）于“1578年他发表了捍卫纯洁的法语，反对意大利化的文章……1579年在巴黎出版了颂扬法语的新书”。认为法语“美妙绝伦”，“只有法语才能与作为‘语言皇后’的希腊语相媲美”。[③]

法国历代王朝都很重视语言问题。16世纪的弗兰西斯一世（1494—1547）于1539年规定，经过规范的法兰西岛方言为唯一的官方语言，[④] 17世纪那位自称“是上帝在人间的代表”太阳王路易十四（1638—1715）曾说“国家就是语言”。[⑤]

从“语言就是上帝”（《圣经》语）到“国家就是语言”，反

---

① ［美］斯宾塞·韦尔斯．杜红，译．《出非洲记——人类祖先的迁徙史诗》．154页，东方出版社，2004.

② 《简明不列颠百科全书》（6）．571页，中国大百科全书出版社，1995.

③ 项翔．《近代西欧印刷媒介研究》．93、94页，华东师范大学出版社，2001.

④ 同上书，95页．

⑤ ［意］恩贝托·埃柯．郭泽民，译．《在全球化进程中共创完美语言》．见乐黛云，［法］李比雄主编《跨文化对话》（10），3页，上海文化出版社，2002.

映西方古今语言观的深刻变化。高昂的母语意识和母语扩张意识，不仅使法语在本民族有崇高的地位，也使法语在西方世界曾一度成为继拉丁语之后的通用语。阿伦·布洛克指出，在18世纪启蒙运动时期：

> "一批从爱丁堡到那不勒斯、从巴黎到柏林、从波士顿到费城的文化批评家、宗教怀疑派和政治改革家的松散、非正式、完全无组织的联合。"（盈按：这是布洛克引用彼得·盖伊斯《启蒙运动》的话）如同三个世纪以前（盈按：指15世纪）佛罗伦萨是人文主义者的中心一样，巴黎是联合的中心，法语是它的自然语言……
>
> 欧洲受过教育的阶级从来没有形成过比这更加世界主义化的社会，他们以法语为通用语言。①

据意大利语言学家恩贝托·埃柯说，直到19世纪法国作家约瑟夫—玛丽·德热朗多"还是坚持：假使可以推行一种辅助语言的话，那么出于显而易见的政治影响力，欧洲再没有比选择法语更为合适的了"②。埃柯指出："这一切的背后是18世纪——尤其是18世纪法国人——的一种偏见：人们根本不愿意学习其他语言，不管是通用语言还是外语。面临多种文字的使用存在着一种文化上的拒绝，这种拒绝延续并贯穿了整个19世纪。"（4页）这类法国人跟洪堡特的语言观大不一样。洪堡特曾批评"希腊人和

---

① ［英］阿伦·布洛克．董乐山，译.《西方人文主义传统》.69、70页，三联书店，1997.

② ［意］恩贝托·埃柯．郭泽民，译.《在全球化进程中共创完美语言》．见乐黛云，［法］李比雄主编《跨文化对话》（10），3页，上海文化出版社，2002.

罗马人过分局囿于自身的语言，他们根本就没有想到，即使不把一种外语当作学习其他民族的智慧和历史的手段，也值得去研究它。且不说对异族语言的这种偏见直到近代仍占上风……”① 为什么会这样呢？还以法国的德热朗多为例。埃柯说：

> 德热朗多只能以对语言林立的赞许来结束他那抱着极端怀疑态度的评说：语言的千差万别给外来的征服者设置了障碍，阻止了不同人民之间不甚相宜的混杂，而且帮助每一国人民保存了其民族特点和习惯，进而捍卫了其淳朴的民风。一国之语言会将一国的人民与他们的国家联系在一起，激发起他们的爱国之忱和对传统的崇敬。②

德热朗多所言当然有一定道理，其错误是把维护母语与学习异族语言完全对立起来，把发展本民族文化维护本民族传统与跨文化交流对话吸收异族的经验智慧对立起来。

现代国际间最关心母语、念念不忘母语的还是法国人。法国人布洛东在《语言地理》这本小册子第二章中就专门讨论了“母语”问题。

> 母语对每个人而言都具有唯一的至关重要的地位。母语是一个群体、一种环境在思想上的唯一标志。

---

① 姚小平，译.《洪堡特语言哲学文集》.233页，湖南教育出版社，2001.

② ［意］恩贝托·埃柯．郭泽民，译.《在全球化进程中共创完美语言》．见乐黛云，［法］李比雄主编《跨文化对话》（10），4页，上海文化出版社，2002.

……不管发生什么情况，母语都存在一种不可泯灭的个人特点，它无意识地标志着个人的感觉方式、思维方式和价值体系。①

所以，母语的失落，往往就是一种感觉方式、思维方式和价值体系的失落，也就是文化根的失落。

另一位法国语言学家海然热在《语言人》中说，15 世纪卡斯蒂利亚王国（后来的西班牙）的萨拉曼卡大学教授内布里亚写了一部卡斯蒂利亚语（西班牙的文学语言以卡斯蒂利亚口语为基础）语法，他将此书奉献给伊莎贝拉女皇，上面写道："语言永远与实力相伴。"② 从此：

卡斯蒂利亚语——就是后来的西班牙语——作为皇帝的语言和国家的语言却变成政权的唯一象征，通过军队、教士和使节传播到美洲。所以说，西班牙语在美洲的传播过程是跟西班牙的政治力量紧密相关的。法语在欧洲的传播同样也是法国南征北战的结果。美式英语今天的传播更不例外，来自美国的实力。这同时也意味着，这个国家的衰落也会引起欧洲人对英语的疏远。③

---

① ［法］罗朗·布洛东．祖培，唐珍，译．《语言地理》．33、34 页，商务印书馆，2000.

② 朱文俊先生对这个故事也有介绍，可参阅他的《人类语言学论题研究》，239 页，北京语言文化大学出版社，2000.

③ ［法］海然热．张祖建，译．《语言人——论语言学对人文科学的贡献》．403、404 页，三联书店，1999.

法国人对英语的国际地位一直采取挑战的态度，当我们中国有人提出“全民学英语”、学英语到了“走火入魔”的地步时，法国人却在等待美国的“衰落”，对英语取“疏远”态度。法国人当然不会忘记，早在公元 11 世纪，他们的诺曼底公爵威廉于 1066 年率部渡海，攻占英格兰，成为英格兰威廉一世，使法语成为官方、贵族和学校必须使用的语言，英语“沦为英国没有受过教育的人们的语言”。[①] 直到 1362 年，英语才恢复自己的地位，成为议会、法院的正式用语，后来又成为学校的正式用语。

威廉的余威够法国人祖祖辈辈子子孙孙无穷无尽地回味复回味了。朱文俊介绍说：

> 法国人历来以自己的语言自豪、自傲：“La belle langue francaise.”（最美的语言——法语）势利的法国人一向赞美法语为贵族的语言，压英语一头……法国与英国只一水之隔，年年都有成千上万的英国人涌入法国，本来可以冲淡法语的霸气，可法国人硬是不肯说英语，甚至连久坐海峡边关的海关官员也竟能拒不肯吐个英语字，生怕沾上其“土气”。[②]

在法国，“滥用英语可视为违法，例如商业广告和街头招牌。”这是巴-罗里奥尔法（La Loi Bas-Lauriol）的特别规定。[③]

---

① 李赋宁.《英语史》. 95 页，商务印书馆，2002.

② 朱文俊.《人类语言学论题研究》. 239 页，北京语言文化大学出版社，2000.

③ ［法］海然热. 张祖建，译.《语言人——论语言学对人文科学的贡献》. 409 页，三联书店，1999.

1994 年法国国民议会和参议院通过的《法兰西共和国法语使用法》第二条规定：

> 商标、价格、展览、使用说明、财产担保、产品说明、服务说明、发票和收据，必须使用法语。

第十二条规定：

> 所有广播、电视机构、设施，不论发送或传播方式如何，其广告和节目必须使用法语。[①]

法国人认为“法语是法兰西品格和遗产的基本要素”。[②]“法国有识之士因为美国字汇侵入他们的日常会话，感到非常头痛。”[③]《使用法》的规定显然是针对“美国字汇侵入”这种情况的。

1992 年海然热与法国《快报周刊》记者的谈话，很能体现“法国的有识之士”对英语的冷漠和批评态度。他说：

> 我们所处的文化充斥着英语的影响。这种无时不在的影响极为强大，学校没有必要再去强调它了。学校反而应该重视那些在法国传播不那么广的语言。再说，英语并不像人们常说的那样，缺了它就寸步难移。

---

① 周庆生.《外国语言政策与语言规划进程》. 174、175 页，语文出版社，2001.

② 朱文俊.《人类语言学论题研究》. 174 页，北京语言文化大学出版社，2000.

③ 夏志清.《人的文学》. 163 页，辽宁教育出版社，1998.

记者说："可是，英语取得了国际语言的地位，这已经是个很平常的事实。"

海然热的回答值得我们中国人尤其是那些对英语"走火入魔"的中国人认真一读。他说：

> 平常并不意味着真理！英语也许已经取得了某种优越地位，问题是能够维持多久？应当意识到，美国目前所遭遇的经济和社会问题在语言上也会有所反映。美国的穷人很多是操西班牙语的。东海岸是葡萄牙人和古巴人，西海岸是墨西哥人。总有一天他们会走出落后状态，成为美国经济生活中举足轻重的力量。这当然不是说，英语因此就会命运不济，但它的重要地位一定会降低，或者出现某些短暂的退隐时期，就在美国境内。这种影响也会波及美国境外。从这方面看，如果欧洲人能够做到不短视，就不应该为一门未来无定的语言辩护，而且有必要使欧洲的语言教学实现多样化。①

法语和英语的竞争，从前景来看，英语的"重要地位一定会降低"，这个判断表现了海然热的远见卓识，我是相信这个判断的。而从目前来看，法语在竞争中节节败退，这也是无可奈何的事。拒绝英语，就意味着要游离于国际社会之外，这对法国自身的发展很不利，故不能不在某些特定情况下舍法语而用英语。

---

① ［法］海然热．张祖建，译．《语言人——论语言学对人文科学的贡献》．403 页，三联书店，1999.

斯蒂芬·科里尼在为英国C.P.斯诺（1905—1980）的《两种文化》写的《导言》中说：

> 最重要的是，作为严肃科学所需要的交流媒介，英语差不多已经完全占据了主导地位。甚至像巴黎的《巴斯德年刊》，法国最早的科学出版物之一，对其自身语言的优美、宏伟以及崇高历史地位有着最充分的意识，也在1989年改名为《微生物学研究》，并且论文全部用英文，这无疑象征着全世界科学共同体向着成为一个“地球村”又迈出了一大步。[①]

这是“严肃科学”领域法语不得不下岗、“论文全部用英文”的例子，外交领域又如何？请看下文：

> 在设在日内瓦的联合国欧洲办事处，法语一向被视为第一语言，但法语翻译人员严重缺编，所有会议文件首先翻译成英文。英语国家的外交官或各国际机构的新闻官员不屑讲法语。更可悲的是，一些法国籍的官员和以法语为官方语言的国家的人也以讲英语为荣，在公开场合或新闻发布会上大讲带着浓厚法语口音的“洋泾浜”英语。法语在世界10种使用人数量多的排行榜上名落孙山。[②]

---

① ［英］C.P.斯诺.陈克艰，秦小虎，译.《两种文化》.60页，上海科学技术出版社，2003.

② 刘军.《英语会成为“世界语”吗?》.《光明日报》1997年9月9日第七版.

英语现在已经不只是"地球村"的通用语，美国一位人类学家甚至预言，人类将来移民太空之后，"这些太空居民应当说英语，因为在地球上195个国家中有51个国家把英语作为自己国家的官方语言。"[①] 这可看作是美国人的语言攻势，为称霸太空做舆论准备。

4. 俄国人的母语意识

俄语属斯拉夫语系，中世纪属东罗马帝国（拜占庭帝国），教会不是用拉丁语，而是用希腊语。所以，奥·曼德尔施塔姆在《语言的本源》中说：

> 俄语是古希腊文化语。由于一系列历史条件所致，古希腊文化的活力把西欧让给了拉丁影响，一段时期客居于后继无人的拜占庭，尔后便投入了俄语的怀抱，传给它古希腊文化观的独特秘诀，自由幻化的秘诀，因此俄罗斯语言才成了真正发声的、说话的血肉之躯。[②]

俄国人的母语意识也是非常强烈的。他们认识到，语言就是历史，丢掉了语言也就是丢掉了历史。

> 如此高度严密的、如此有机的语言不仅是通向历史的大门，而且是历史本身。对于俄国来说，离开语言就是离开历史，脱离历史必然与继承的王国，脱离自由与合理。两三代人"当哑巴"，就可能导致俄罗斯走向历

① 《谁愿去太空殖民》.《北京青年报》2002年6月24日.

② 高莽主编．韩世滋，译.《明月般的朋友》. 601页，百花文艺出版社，2001.

史死亡。①

俄国人也不遗余力地给自己的母语唱颂歌，被尊称为俄国文学和科学界巨擘的罗蒙诺索夫（1711—1765）说：

> 俄语乃众语之至尊，大大优越于欧洲所有语言。这不仅表现在它主宰的国家之广，而且也在于它的丰富和无所不包，神圣罗马皇帝曾说：“一个人对神说西班牙语；对朋友说法语；对敌人说德语；对女人说意大利语。”然而，他一旦通晓俄语，便无疑会补充道：对一切人或神都可以说俄语。人们会发现，它有西班牙语的庄严，有法语的生动，有德语的刚健，有意大利语的甜美，而又有自身形象的活力和鲜明，加之希腊语和拉丁语的丰富。②

罗蒙诺索夫生活的时代，正是俄国在彼得大帝一世（1672—1725）领导下国力鼎盛的时代。罗蒙诺索夫的俄语意识，是一种大俄罗斯沙文主义，跟俄国当时的发展势头和已取得的现代化成就有关。彼得大帝锐意革新，扩张国土，学习西欧现代化，使18世纪的俄国开始走向富强，敢于争霸西方。所谓俄语“至尊”，“优越于欧洲所有语言”，真实的含义是俄国“至尊”，俄罗斯

---

① 高莽主编．韩世滋，译．《明月般的朋友》．603页，百花文艺出版社，2001.

② Lomonosov In：Pei，Mario，The Story of Language，Philadelphia and New York：J. B. Lippincott Company，1965，195. 转引自朱文俊《人类语言学论题研究》，238、239页，北京语言文化大学出版社，2000.

“优越”于其他民族。

在斯大林时代，俄语在东欧和中国的地位仅次于这些国家的母语。20 世纪前半期（主要是五六十年代），中国的中学和高校，俄语为首选外语，其普及程度和在青年人心中的地位，远远超过英语。从 20 世纪 80 年代开始，俄语身价一落千丈，俄语院校被裁撤，大学里的俄语系也门庭冷落。尤其是在东欧变质苏联解体之后，俄国人自己也不认为俄语是“至尊”，是大大“优越于欧洲所有语言”的一种语言了。俄语正面临着外族语言的挑战。

2001 年 5 月 9 日的《北京青年报》，登载舒磊的一则报道。题目是《普京要净化俄语》。文章说：

> 据英国《泰晤士报》报道，在法国人一次次掀起捍卫法语的浪潮还未完全平息之际，俄罗斯总统普京近日也发起了一场净化俄语的运动。他决定对国民讲出脏话和犯下俄语语法错误进行惩罚，同时还禁止国民在说话时使用外国字或词语。据悉，俄罗斯政府准备颁布一项新法律，对违反以上要求者处以罚款、口头警告等。最严重的将以“流氓行为”处以两年监禁。
>
> 俄罗斯学者长期以来一直要求政府加大净化本国语言的力度，然而，随着全球化的加深，俄语水平不但没有提高，反而一落千丈，尤其让语言学家嗤之以鼻的是，俄语中“竟然有许多外国字混杂其中”。与此同时，由于俄罗斯昔日“超级大国”地位的丧失，学习俄语的外国人士也越来越少，甚至连俄罗斯人有时也感觉“自己低人一等”。

俄语内部的混乱及其国际地位的下降，可证语言的命运和国家的命运两者之间的关系是何等密切。普京要净化俄语和普京要整顿俄国复兴俄国的方针是一致的。

5. 美国人的母语意识

奥·曼德尔施塔姆说："欧洲失去语文，甚至不如美洲，而是有文明的撒哈拉沙漠，一片荒凉。……美洲在耗尽从欧洲运去的语言储备之后，似乎傻眼了，犯了一阵思索，然后突然搞起了自己的语言学，从某个地方挖掘出一个惠特曼（1819—1892，美国诗人），此人就像亚当再世，开始给各种东西起名字，仿效荷马，为原始的名录诗提供样板。"①

美国人为什么"突然搞起了自己的语言学"呢？果真是"从欧洲运去的语言储备""耗尽"了吗？恐怕不完全是。

美国是一个历史并不长的移民国家，移民的母语复杂，却以英语为主，而美国人一定要发展自己的美国英语，与英国英语划清界限，根本原因是追求语言独立。对此，美国词典学之父诺亚·韦伯斯特（1758—1843）有不少论述：

> 我们是个独立国家，为了维护她的荣誉，我们不但要有自己的政府体制，而且要有自己的语言体系。
>
> 民族语言是民族团结的标志。应动用每一种方式来使这个国家的人民有民族气质，让他们眷恋这个国家，以民族特性的自豪感来激发他们的热情。②

---

① 高莽．韩世滋，译．《明月般的朋友》．605、606 页，百花文艺出版社，2001.

② 蔡昌卓．《美国英语史》．286、287 页，北京大学出版社，2002.

距《独立宣言》（1776）发表不久，美国人就要建立自己的语言体系，不仅遭到英国人的反对，就在美国本土内部也有人反对。

> 国内不少人仍然认为具有丰富文学遗产的英国英语是真正高雅正宗的英语，而美国英语则相形见绌，显得粗野陋俗。对此，有识之士指出，这是文化思想上殖民主义心理的残余，因而要再发动一场不见烟火的文化独立革命来解决这个迫切问题。美国民族主义者从而在思想、文化等意识形态领域里展开了一场轰轰烈烈的旨在清除英国殖民主义遗毒、弘扬民族精神的另一场独立革命。他们用大量的事实告诉国民，美国英语有其不同于英国英语的独特之处，并不比英国英语低一等，说美国英语的人大可不必在英国人面前自惭形秽，也不必跟着英国英语亦步亦趋，而应表现出独立的精神与创新的风貌。①

19世纪的美国杰出人士在语言问题上，充满豪迈之情。韦伯斯特一再赞扬美国英语优于英国英语：

> 美利坚人民作为一个新的民族群体，如今讲的英语远比它母国的人民说得好。
>
> 我不得不公开声明，美国人（特别是英国人后裔的美国人）说的是当今世界上最纯洁的英语。②

---

① 蔡昌卓.《美国英语史》. 207页，北京大学出版社，2002.

② 同上书，228、285页.

关于美国人如何看待评价自己的语言，还可参阅丹尼·丁·布尔斯廷著，时殷弘等译的《美国人——殖民地历程》第十篇第41节“一种美洲的口音”。

一个刚刚独立的历史短而又短的新兴民族，是如此捍卫、赞美自己的语言体系，而我们是一个已有数千年文化传统语言传统的优秀民族、文化大国，却有人谩骂自己的语言，甚至要废除自己的语言体系，为自己的语文而自惭形秽。19世纪的美国和中国，区别是何等鲜明！两相比较，我们不应该对以往的历史进行反思吗！即使在当下的中国，崇洋媚外，语言自卑的种种表现，仍然相当严重，某些人的母语意识，非常糊涂。

6. 犹太人的母语意识

犹太人的母语意识比美国人还要突出。美国人只不过是同中求异，犹太人却有本事死里求生。犹太复国主义要重新复兴本民族的共同语——希伯来语，也是在欧美民族运动以语言作为国家独立标志的影响下产生的。所不同的是，欧美诸国要把自己的民族口语上升为书面用语，犹太人是要把自己的书面用语推广为日常口头用语。

犹太人的古代称谓是希伯来人，他们在公元前11世纪就建立过希伯来王国。由于先后受到新巴比伦人、希腊人、罗马人的入侵，这个民族在古代曾发生过三次大的流散。那些流散到异国他乡的犹太人，不得不放弃自己的母语，学习别国语言。所以，自公元3世纪起，希伯来语的主要作用：一是用于宗教仪式，二是用于书面文献。它的日常交际功能基本丧失。犹太人对此很不甘心。19世纪犹太复国主义运动兴起之后，“开始来到巴勒斯坦的青年理想主义者欢迎把希伯来语用作通用于一切领域的本地语。

最先提出这个想法的是埃利泽·本·耶胡达（1858—1922），他是1881年（一说为1884年）来到巴勒斯坦的俄国犹太青年，他坚持不懈地提倡复兴希伯来语，第一个在家里讲希伯来语，并且用它来教育自己的子女。”①

耶胡达还和其他人一起创办了第一份希伯来文报纸，1904年编著了第一本现代希伯来语辞典，其中有新创造的几千个词汇。随着移民的不断增加，他们在移民点推行希伯来语教学活动。“于是，一个包括幼儿园（自1898年起）和中学（自1906年起）在内的希伯来学校体系建立起来了。”拉宾说：

> 从1900年到1910年，那些毕业于希伯来语学校，希伯来语讲得既流利又自然的犹太青年开始结婚成家。就在这个时候，出生了第一批婴儿，他们的家庭只讲希伯来语，因此，不需要任何人作特殊努力，这些婴儿长大就会说希伯来语。经过1700年之后，这些儿童成了第一批只懂希伯来语而不懂任何的其他语言的人。②

希伯来语的推广从儿童抓起，这就造成了一个奇特的现象：孩子教父母学习本民族语言。所以有人说：“以色列人是世界上唯一的由孩子教给自己父母本族语言的民族。”③

重新振兴希伯来语是一个很难的过程。本·耶胡达的复兴活

---

① 周庆生.《国外语言政策与语言规划进程》.644页，语文出版社，2001.

② 同上书，645页.

③ 《民族译丛》1981年第3期22页，《以色列的民族问题》，王恩庆译自《世界民族》第17卷《阿拉伯世界》，1979年日文版.

动也曾遇到重重阻力。早期移民并不都赞成复兴希伯来语，经过长期论争，希伯来语才最终取得胜利。1948 年以色列正式建国，希伯来语和阿拉伯语均被规定为官方语言。这对加强来自世界各地操着各种不同语言的犹太人的内部团结，对保存犹太民族的历史和文化，都极为重要。“今日的希伯来语，在语法结构上跟古代的没有多少差别，但是由于语言学者们不断系统地进行研究，根据各学科最新成果，增添很多表达新概念，新学术的用语，加以同英语等欧洲语言中移植很多外来语，使它发展成适应于新时代的新希伯来语。”①

我们讨论汉民族的母语意识，为什么要费那么大的精力、那么多的笔墨来研究欧美诸国及犹太人的母语意识呢？因为我们本来不只是就汉语来论汉语，而是讲的全球化时代的汉语母语意识，理所当然要以其他民族为参照。多方比较，才会明白自己的问题在哪里。真如俗话所说：“不比不知道，一比吓一跳。”何况，“他山之石，可以攻玉”。研究西方民族的母语意识，发扬其优点，避免其缺点，对汉语走向国际应有积极意义。

西方民族母语意识的发展已有好几百年的历史，甚至有些过头，而汉民族的母语意识则显得严重不足。尤其是在全球化时代，汉语应有怎样的母语意识，并无明确的具体措施，值得忧虑。个人能力有限，以上介绍还很肤浅，也很不全面、深入，却也足以引起我们反思！

① 《民族译丛》1981 年第 3 期 22 页，《以色列的民族问题》，王恩庆译自《世界民族》第 17 卷《阿拉伯世界》，1979 年日文版.

二、台湾的两次母语危机

研究近现代中国人的母语意识，不能不涉及港澳台三地的语言问题。

在历史上，三地曾先后沦为英、葡、日的殖民地。香港以英语、澳门以葡语、台湾以日语作为官方语言。日语在台湾的强制推行，后果尤为严重。直到抗日胜利，才彻底解决。

现在，香港、澳门已回归祖国，语言制度也有了明文规定。香港实行三语两文（普通话、粤语、英语，中文、英文）制度。普通话已规定为官方用语、商业用语、学校用语。地铁、公交车均用三种语言报告站名。高等学校公文基本上还是英文，中文仍处于弱势地位。有的高校集会，参加者全部是华人，而他们仍用英语交流，闭口不说中文。我不知道这是一种什么心态！

澳门的语言情况既比香港单纯，又比香港复杂。澳门人口少，地方小，民间用语以粤方言为主，葡文使用范围很有限，普通话的推广也卓见成效，这是单纯之处。复杂在：土生葡人的语言与现代葡语已经有别，英语英文在事实重于葡语葡文。尤其是在高等学校，葡文、英文都是高层用语，但英文英语更常见，教授会议都是以英语讨论问题，葡人也得说英语。社会低层用语复杂，甚至一个家庭之内出现多种用语，夫妻之间，老少之间，婆媳之间，可能有不同的语言背景。

在讨论港澳台母语问题时，我们对“母语”这个概念的层次要有正确认识。其中有方言和共同语的关系问题。粤方言是港澳本土居民的母语，闽南方言是台湾部分本土居民的母语，但对于民族共同语——普通话来说，粤、闽方言都是方言母语，只有普通话才是中华民族的共同母语。方言自古以来就属于汉语分支，与民族共同语是同源关系，任何将方言母语跟共同母语割裂开来的主张都是分裂民族分裂国家的罪恶行为，是极其荒谬的，也是不允许的。从 20 世纪 80 年代开始，台湾的“台独”势力鼓吹“去中国化”，称台湾闽南语为“台语”，不承认在全台湾通用的“国语”（普通话）的母语地位，台湾地区的母语曾面临着第二次新的危机。

台湾第一次母语危机出现在日据时期

1894 年（光绪二十年甲午）的中日战争，中国成为战败国。

1895 年 4 月 17 日（光绪二十一年三月二十三日）大清帝国钦差头等全权大臣太子太傅文华殿大学士北洋通商大臣直隶总督一等肃毅伯爵时年七十二岁的李鸿章（1823—1901）与日本内阁总理大臣伊藤博文（1841—1909），外务大臣陆奥宗光在日本下关（即马关）的春帆楼签订了《马关条约》（日本叫《春帆楼和约》）。《条约》第二款规定，“台湾全岛及所有附属各岛屿”“永远让与日本”。

举国上下——尤其是台湾民众闻此丧权辱国条约，无不义愤填膺，台湾义军更是奋起抗日，重创侵台日军。只因大势已去，台湾终于沦为日本殖民地，日军侵占台湾达半个世纪之久。

日本殖民者为了实现其永远霸占台湾的野心，妄图以语言同化的方式达到奴化、“皇民化”的目的，他们将日语定为台湾的“国语”。从 1937 年起，禁止使用汉文，禁止汉文私塾，禁止在学校说闽南话。那些念念不忘汉文母语的台胞，不甘心当亡国奴的台胞，偷偷地在家里私下学习汉字和中国传统文化。日本的殖民主义语言决策很快就造成了用日语取代汉语的严重局面。“在这过去五十一年中间，日本政府的力量，把我们这些祖国语言推挤回到家庭使用，实造成中年以下的青年人少年人渐渐不会说，是从不许自由使用变成不会自由使用的地步！”[①] 另一种材料告诉我们：

> 清政府管理台湾时期（1683—1895）顶层语言可能是官话，低层语言是闽南语、客家话和山地话。
>
> 日本侵占台湾先后 50 年（1895—1945），当局的语言政策不仅以日语为顶层语言，而且将日语强行推广到原来属于中文或低层语言的领域，例如报章杂志、学校教育，甚至家庭生活。
>
> 日语与汉语竞争的结果，一方面会说日语的中国人比率大为提高，1941 年达到 57%，1944 年更达到 71%。汉语的使用功能因受限制，而有所萎缩；另一方面，汉语方言极力维护原有的使用领域，抵制日语。[②]

2001 年 8 月北京大学召开了纪念魏建功先生诞辰一百周年暨《魏建功文集》出版学术研讨会，有不少文章谈到魏建功于抗战胜利后赴台领导国语运动的情况。

1945 年 10 月 25 日，台湾光复不久，魏建功（1901—1980）

① 《魏建功文集》.（4），341 页，江苏教育出版社，2001.

② 邹嘉彦，游汝杰.《汉语与华人社会》. 235 页，复旦大学出版社、香港城市大学出版社，2001.

被任命为台湾省国语推行委员会主任委员，何容（即何子祥，1903—1990，河北深泽人，民国十九年北京大学英文系毕业，历任台北《国语日报》社长、董事长）为副主任委员。魏建功在1946年2月28日的一篇文章明确指出：

> 台湾光复了以后第一件要紧的事情，是推行国语。
>
> 我呼吁本国同胞之间似乎不应该用外国语言做交际语！是国家“主权”和“地位”的表现！台湾省的同胞热烈要国语，我们要人人用标准国语和他们交谈。
>
> 我相信，敌人夺得去台湾的河山，已经重归了祖国版图；台胞表达意志的方式，根本敌人是不能改变的，恢复起来一定很快！我们要稳稳实实的清清楚楚的先把国语声音系统的标准散布到全台湾。

在同一文章中，魏先生还肯定地指出：

> （台胞）他们正努力抛弃日本文的形式而来写国文，不过这种国文正像若干编辑先生闭门造车的写国语一样。①

魏建功主持的台湾国语推行委员会和光复后的台湾省政府很快就废除了日语。这很不容易。因为“当时台湾同胞三四十岁以

① 《“国语运动在台湾的意义”申解》．见《魏建功文集》（4），306、311、312、315页，江苏教育出版社，2001.

下的人，不但不会说国语，且大部分不认识汉字，甚至讲闽南话，也没有说日本话那么流畅”。[1] 光复初期，“政府为了不懂祖国语文的民众方便起见，为了民众不和世界潮流的进展、祖国的现实状况脱节，也为了贯彻政令，特地在各报纸辟了一块日文版，同时也准许用日文发表文章。不过，这日文版只维持了十个月左右，在1946年10月24日全省一律废刊。”[2] “当时在新竹市刊行的中、日文并刊的杂志《新新》，在创刊号（1945年11月）的日文‘刊头语’中有这么一句动人的话：使用别国的语文去读文章，写文章，实在是很悲哀的。”[3]

当时的台湾文化人，语言思维均已日本化，均经历了由日语思维转向汉语思维的蜕变过程。一位作家谈到自己是如何实现这个转化的：

> 用他国文字思想然后译成国文写出——可能是我们这些台湾文友的“专利”啊！先用日文把文章腹稿打好，然后以中文写出——毋宁说把日文腹稿迻译纸上较为恰当。[4]

语言问题不单是语言问题，其中包含着思维方式、世界观、

① 台湾世界华语文教教育学会秘书长董鹏程语。转引自赵金铭《魏建功先生在朝鲜教汉语和在台湾推广国语的贡献》，见《纪念魏建功先生诞辰一百周年暨〈魏建功文集〉出版学术研讨会论文集》，101页，此论文集尚未正式出版．

② 叶石涛．《拜师学艺习中文》．见《台湾名人走过的路》，46页，新华社参编部．

③ 同上．

④ 钟正．《心声》．见《联副二十五年散文选》，1976年，台北市联合报社印行。《联合报》创刊25周年纪念丛书．

民族习惯、情感等一系列问题，总之，语言的转换是人心的改写，是文化的改写。所以，魏先生说："第一件要紧的事情，是推行国语。"

与全国其他地方相比，20世纪40年代下半期，台湾的国语运动最为彻底，最见功效，成绩最卓著。现在大陆内地去台湾的人都会有此感受。如舒乙说："到了台北，一下飞机，遍地的台湾'国语'声，亲切得不得了，和在香港听到的口音大不一样，大有'到家了'的感觉。"莫言也说："触目的都是国语，听到的都是乡音。"[①] 有一个字音也可证台湾国语京味儿十足，这就是北京人早已不将连词"和"读为hàn，而台湾却保存hàn这个音。1946年7月，魏先生在一篇文章中专门讨论过"和"的读音问题：

> 像个"和"字《国音常用字汇》里注"ㄏㄢ"是连词语音。另读ㄏㄜ就是连词书音也包括在内，我们念ㄏㄜ至多是没有照语音读，不能说是错误。[②]

"和"作连词时，口语读hàn，书面语也可读hé。1937年3月初版的《国语辞典》（中国大辞典编纂处编），1962年8月北京第8次印刷本（改名为《汉语词典》）"和"字共收六个读音，第五个读音就是hàn，并注明为"北京语音。连词，用同及、与"。舒乙在台湾与何容的儿子何欣交谈时，也谈到"和"的读音问题：

---

① 《八匹马拉不开》.《南方周末》2004年3月8日.

② 《魏建功文集》.(4)，351页，江苏教育出版社，2001.

> 席间，我说我发现台湾所有的人在所有的场合把“和”字都念成“han”（汗），而北京人只是在说“咱们谁和谁呀”时才会念“汗”，一般还是念“河”音。何欣说：这是齐铁恨[1]先生在电台上教的，他的话就是法律，怎么教就怎么说了。我说：这下齐先生使劲过分了。[2]

台湾第二次母语危机出现在20世纪80年代

这第二次危机现在还是萌芽状态，源于“台独”势力的分裂活动。

台湾有少数分裂分子搞“去中国化”活动，要把台湾从中国分裂出去，成立所谓“台湾共和国”，这个“国”还停留在梦想中，就在母语问题上造舆论了。他们提出了要以什么“台语”作为“台湾民族”的独立用语，把“国语”（普通话）说成是跟日语一样的外来语，把光复后的推行国语运动说成是殖民者的“语言压迫”。

人所共知，日据时期的“国语”和光复后的“国语”二者性质完全不同。前者指的“国”是日本国，“语”是日本语，后者的“国”是中国，“语”是普通话。有意混淆概念，就是为了达到“去中国化”的目的。有位台湾作家，光复时年二十，已经受了11年的日本军国主义教育。当台湾人民从“五十年零四个月的日本法西斯统治下获得解放”时，他也曾努力“拜师学艺习中

① 齐铁恨（1892—1977），蒙古族，北京西郊香山人。1946年任台湾国语推行委员会常务委员，《国语日报》常务董事.

② 舒乙.《乡音灌耳》.《人民日报》海外版，1994年2月18日。又见南京师范大学《文教资料》，22页，1996年4月.

文”。他说：

> 台湾民众心里最引为耻辱的莫过于还没有办法用祖国的语文去自由表达自己的意思和大陆人士沟通，同时也还没有办法阅读从祖国来的许多古典或现代著作去了解祖国的文物制度——从政治、经济、文化、教育以至于文学艺术。①

这位作家，年轻时深深怀念大陆、祖国，他还有一颗正常的中国心。他学好了普通话，能用普通话作文，“获得解放了”。可就是这位当年以不懂祖国语文为“耻辱”的人，现在也是一派“台独”腔了。他说：

> 以北京官话为准的白话文不适用台湾民众……要建立更符合民众生活的日常性语文——台湾语文。
>
> 汉人中的福佬、客家族群，年轻一代的母语能力也不佳，只有外省族群所用的普通话一枝独秀，是优势语言，正如日治时代的日语是优势语言一样。这当然是外来统治民族强压的语言政策所导致的结果。
>
> 用母语来创作是天赋人权，不可剥夺的人权之一。②

这位作家不仅背叛祖国，也背叛了自己。他只把台湾的某种

① 叶石涛.《拜师学艺习中文》. 见《台湾名人走过的路》，45 页，新华社参编部.

② 赵遐秋，等.《文学台独面面观》. 213、214 页，九州出版社，2001.

汉语方言当作“母语”，而不承认普通话为母语，真是数典忘祖，强词夺理。这种彻头彻尾的分裂民族、分裂国家、分裂语言的行为，在台籍作家中也是行不通的。陈映真就严正指出：“台湾的文化人需要反省。”他说：

> 现在就是一种非常极端的反中国主义，我很痛心。
>
> “台独”有非常非常狭隘、非常封闭的“族群歧视”主义。这样其实只能使自己走上自己的死路。他要搞台语文学，到最后就会走上一种极端的恶质反动的民粹主义。[①]

“台语”中的“台”专指台湾，是“台湾”的简称。所以，“台语”作为一个特定概念原本就是生造出来的。从字面看，“台语”跟“粤语”“湘语”“晋语”一样，是对汉语内部一种地区方言的指称，但无论是从学术层面还是从民间习俗方面而言，没有人在汉语方言中分出什么“台语”区。“台独”所说的“台语”显然是包含政治内容的一个邪恶概念，而不是一个方言分类的概念。台湾各地通行的主要是闽方言。“除西北部的新竹、苗栗二县通行客方言，中部山区杂有高山族语之外，各地通行的主要是闽方言。使用人口约 1800 多万。”[②] 闽语跟汉民族共同语的关系是母子关系，是地方方言和全国共同语的关系。这种关系有久远的历史渊源。

---

① 王寅.《陈映真：台湾的文化人需要反省》.《南方周末》2004 年 3 月 18 日.

② 侯精一.《现代汉语方言概论》. 207 页，上海教育出版社，2002.

"虽然地处东南之隅，闽人还是不忘自己是来自中原的华夏文化的传人，因而早有学习共同语的传统。两宋时期闽中士子用通语作诗中举入仕者为数甚夥，到明代福州、泉州都有过教习国语的琉球馆，清代设立过正音书院。历代共同语也对各地闽语发生过强大的影响。"①

所谓"各地闽语"，当然包括台湾闽语在内。"学习共同语"，使用共同语，乃千百年来久已形成的历史"传统"，而"台独"势力把自己的老祖宗说成是"外来势力"，把使用普通话说成是"强压的语言政策所导致的结果"，这就是自外于华种华语华文了，其后果必然是灾难性的。

推行所谓"台语"的前景将是什么样呢？

将是子孙后代割断自己的历史！

将是子孙后代丧失传统的价值观！

将是子孙后代既读不懂岛内过去的书，也读不懂大陆内地的书，无法与岛内外的历史文化沟通，从而成为无根的文化浪人！

普通话"一枝独秀是优势语言"，这本是中华民族大一统的象征，有人要毁灭这"枝"和"秀"，要推倒这"优势"，这无异于要台湾同胞易其口舌，这不正是"剥夺人权"的"强暴手段"吗！

普通话原本就是台胞的共同用语，非某一方言可比，共同用语成为优势语言，对台湾的经济发展、文化发展以及岛内各族人民的内部统一团结，对两岸的交流和统一，有着不可估量的作用。如果去掉这个"优势语言"，推行所谓"台湾语文"，等待他

---

① 侯精一.《现代汉语方言概论》. 209 页，上海教育出版社，2002.

们的将是社会分裂，混乱丛生，将是历史的大倒退！

到那时，注音字母不能用，汉语拼音方案不能用，一切文献典籍的注音系统不能用，为各种国内国际交流活动带来无穷无尽的麻烦。等待这种“非常狭隘、非常封闭的‘族群歧视’主义”的，不正是陈映真说的是“死路”一条吗！

当然，可以断言，台湾共同母语的“危机”是会缓解的，是可以防止其进一步升级的，语言分裂主义者很难得逞。因为：

> 在当今的台湾国语不仅是高层语言，用于政界、教育、电视、电台等领域，可以说也是低层语言，用于日常生活和社会交往，外省人更将它用作家庭用语。国语的功能在台湾比在大陆南方方言区任何一个城市都大。在台北市有99.2%居民会说国语，这样高的比率是任何一个大陆南方方言区城市所不敢奢望的。台北市的外省籍人口只占26.7%（1986年）。有50%的客家人和43%的闽南人在上学以前就学会国语。在台北母语不同的居民互相交际主要是依靠国语进行，国语的沟通指数几乎是1，即用国语交流毫无问题。①

普通话（国语）作为中华民族的共同母语，在台湾地区也是树大根深，为岛内各方言区的人所共同热爱，共同使用，少数人想砍掉这棵大树，实在是太不自量！

---

① 邹嘉彦，游汝杰.《汉语与华人社会》. 236页，复旦大学出版社，香港城市大学出版社，2001.

三、海外华人的母语意识

“没有华文教育就没有华人!”这是流行于东南亚华文教育界的一句名言，我以为这也是海外华人的共同认识。

早在光绪年间，旧金山的华人留学生就呼吁清政府应重视海外华侨子弟的华文教育。当时的《中西日报》于1908年5月9日发表西美留学生会致梁庆桂的公开信。

> 金山一埠华人，无一规模完备、中西兼备之学堂，是以华侨子弟，大半未受教育，人格欠缺。即间有数人肄业美国大学，得有外国学位，然不娴汉文，中国之书籍公牍报纸，均不能成诵。虽具有专门西学，然与外国人无异，于中国大局，既属无甚补救；在彼等个人，亦失无限利益。就国家公益、与华侨私利两面计之，设立学校，诚为今日莫大之急务。①

梁庆桂原为清廷侍读，光绪三十二年（1907）十二月被派到北美兴办教育。此前，梁氏在上学部的手折中已阐述了他对海外华人宜学习中文的主张：

> 伏念西国殖民政策无不以语言文字为化合力。观于各埠各省教会之西学堂，不下百数；若香港之皇仁书

① 麦礼谦.《从华侨到华人——二十世纪美国华人社会发展史》. 52页，香港三联书店有限公司，1992.

> 院，上海之圣约翰书院，规模尤巨……若使旅外侨民于祖国文字语言道德习尚渺无所知，则习外之见愈深，爱国之情愈淡……惟虑其自幼即入美国学校，于国文普通未能谙习，势将楚材晋用，不无可惜。且恐归国时，授以职业，殊多扞格。拟请奏派专员驰赴北美，提倡华侨学堂，俾侨民博通中学……则中西融洽，造成全材，足备国家官人之选。①

梁庆桂的主张，即培养“中西融洽”的“全材”，再将这批“全材”引进，“备国家官人之选”，应该说很有眼光，也很有必要。1908 年他受命赴北美洲兴学，第一站就是旧金山。当地华人也认为“设立学校”乃“莫大之急务”。华侨身居海外，心向祖国，未忘祖国的语言文字，这一传统一直保存到现在。

现在的中国政府已与清廷大不相同，海外华人的状况也与百年前大不相同，华文教育在旧金山等地颇为发达，形式也多种多样。目的已不是“备国家官人之选”，而是不忘民族，不忘文化。美籍华裔作家刘墉教育女儿学中文的故事堪称典型。他对女儿说：

> 记得不久前，你曾经怨我们不是英语家庭，所以你的英语词汇不如洋孩子多的时候，我怎么说吗？我说正因为我们在美国有这样的弱势，就更要把握中国人的优势。什么是中国人的优势？
>
> 那当然是中国文化！想想，你那些参加中文社团的美

① 麦礼谦.《从华侨到华人——二十世纪美国华人社会发展史》. 51、52 页，香港三联书店有限公司，1992.

国同学，他们是不是辛苦死了，还学不到你的十分之一。谁让他们没有中文家庭，不像你回到家就能说中话呢？

你学中文当然比他们容易，这么好的优势，你岂能不好好把握？

我逼你学中文还有个原因，是希望你能读中文书……

所以，无论你学校的功课有多忙，我都坚持每个礼拜为你上一次中文。我要你不至于前功尽弃，更要为你开一扇门，带你通向五千年的中华文化，使你有一天，从中文书架上随便抽出一本书，就能与我们的祖先沟通，就能建立你的民族自尊，成为一个有根的人。①

母语就是“根”。在绝大部海外华人尤其是第一代华人中，根的意识是很牢固的。拔掉语言文字这个“根”，华人就不再是华人了。所以说，“没有华文教育就没有华人。”华文不只是华文，其中有“五千年的中华文化”，有“民族自尊”，有“中国人的优势”。“优势”论的提出，化消极为积极，化无用为有用，含有辩证哲理。

“中文家庭”非常孤立地生存于异族语言的汪洋大海之中，很难保代代相传。第二代就有第一母语与第二母语的纠缠，第三代、第四代就有可能彻底流失。“五世而斩”的情况是极为普通的。

在海外很多地方，都有华文学校，华文报刊，可华语往往不是官方通用语。不少华人家庭为了生存，为了发展，不得不放弃母语，融入异族语言之中。既然加入异族国籍，成为异族统治下的公民，华人就不得不异化，不得不接受异族语言文字教育，成为他们当中的一

① 刘墉.《靠自己去成功》.《北京青年报》2003 年 11 月 2 日 .

员。尽管，“在美国不管他英文多棒，还是有‘少数民族’被白人包围的感觉。”[1]这种“感觉”从何而来，因为“他”会遭遇歧视，会遭遇该国主体民族的挤压。唯一的出路就是努力融进去。

生存就是竞争。在美国这样的国家，华语到现在为止，虽然学习的人（包括非华人）不少，其意义只是在文化层面，很难说有什么竞争力，不仅竞争不过英语，也竞争不过西班牙语。许多老华侨，不能精通英语，只能处在社会边缘，终其一生进入不了主流社会。他们的子孙后代往往被彻底同化，母语意识只能残存在历史的回忆中。华裔美国女作家谭恩美写了一篇散文《母语》[2]，讲述了母女两代人在英语使用中的差异。谭的父母是来自中国大陆的移民，谭于1952年出生在奥克兰市[3]，她把她母亲所讲的英语称为“破碎的”“断裂的”英语或“有限的”英语，“既不是英语的也不是中文的结构。”“由于她表达不完整，她的思想也就不完整。并且我有很多来自经验的证据支持我，人们在商店、银行和餐馆都不把她当回事，不好好为她服务，假装听不懂她的话，甚至摆出一副没有听到她在说话的模样。”谭太太的遭遇来自“破碎的”英语，她的英语之所以“破碎”是由于“母语”在起作用。而谭恩美本人的“母语”就是这种中国式的英语。到后来她认识到这种家庭英语，母亲的英语“全是中国话似的”，于是，“我对母亲所讲的英语有了更多的思考”，“我为她的英语而感到羞耻”。汉语意义上的“母语”，在这个家庭还有

① 刘墉.《靠自己去成功》.《北京青年报》2003年11月2日.

② 黄灿然，译.《世界文学》1995年第2期.

③ 《世界文学》五十年作品选，散文卷，《人像一根麦秸》.644页，新华出版社，2003.

“根”吗？环境如此，语言不得不如此。英语世界的汉语阵地就是这样一块一块没落的。

与美国相比，新加坡的情况则有所不同。那里的华人社会有强大的根基，有悠久的历史，在新加坡全国范围内，华族人口占绝对优势。[①] 华人虽多，且贡献巨大，但在历史上统治权却在英国人手里，英语是官方主要用语，也是教育主要用语。两者也有竞争，华语长期处于弱势地位，至今也还不如英语。不过，这里华人的母语意识一直强劲，华语地位日见提升，终于成为四大官方语言（英语、马来语、华语、泰米尔语）之一。

母语意识的保持也要靠人为的努力。早在19世纪末20世纪初，新加坡尚未立国，当地华人领袖林文庆（1869—1957）就为华语华文教育作出了积极贡献。李元瑾博士在一本著作中有如下评价：

> 林文庆以提倡华语华文为教育改革的重要环节，从实用和精神两个层面劝勉海峡华人掌握母语。从实用角度分析，一则如他在《我们的敌人》所说的生存问题，他说失根的民族不可能昌盛，华人处于异族间，马来人以巫语（盈按：马来人自称为“巫来由”（Melayu）人，简称“巫族”。）为母语，统治者以英语为教育媒介语，倘若不愿被淹没，就得为孩子们安排华文课程；他同意华人必须通晓中英两种语文，而且要先学华文。[②] 另一则如他在《海峡华人改革之三——子女的教育》所说的

① 一说达77.7%.《简明不列颠百科全书》(8)，635页，“新加坡”条据1981年统计，华人占76.8%.

② 原注：“Our Enemies”，1897，p.55.

> 普遍和方便，他说中华语文为中国三亿人所采用；而且语与文统一，就连日本、韩国、越南等也明白此益处；对海峡华人而言，本地有五六种不同方言，如果能掌握华语，就可以有共同的语言文字。[①] 从精神的角度分析，可以他《中华文学选集》前面一段话来说明："华族是世界上最有文学修养的民族之一，子孙不能坐视祖先这美妙的语言在他们当中消失，每一位不谙华语的海峡华人应自觉羞愧，……况且它涵盖了我们祖先最优秀的传统。"[②] 林文庆出生于新加坡，在英国留学6年。留英期间，他"为自己不懂母语而羞愧而发愤学习"（李元瑾语，105页）。他的母语意识是在民族竞争语言竞争中激发出来的。从英国留学结业之后即回新加坡，"于1899年开始推动海峡华人学习母语……组织华语传习班……在他的影响下，新加坡的一些学校也增设华语课程，而槟城和爪哇也开始重视华语学习。"[③]

林文庆的语言忠诚显然来自他的现代民族意识。他明确谈到"母语"是一个民族的"根"，"失根的民族不可能昌盛。"在清朝末年，他能有这样的认识，而且是身居外国，身居异族之中，又受的是英语教育，的确难能可贵。在母语问题上，林文庆比之

① 原注："Straits Chinese Reform3-The Education for children"，1899，p. 104—105.

② 原注："Anthology of Chinese Literature 1-kung chi chi's protess"，1901，p. 67。以上引文见李元瑾《东西文化的撞击与新华知识分子的三种回应——邱菽园、林文庆、宋旺相的比较研究》，114页，新加坡国立大学中文系、八方文化企业公司联合出版，2001年2月.

③ 李元瑾.《东西文化的撞击与新华知识分子的三种回应——邱菽园、林文庆、宋旺相的比较研究》.125页，新加坡国立大学中文系、八方文化企业公司联合出版，2001年2月.

吴稚晖（1866—1953）要高明多了。

只不过新加坡华侨人多势不众，又是移民，而不是殖民者，他们靠打工谋生，靠勤劳发家，靠经商致富。论根基不如土著，论权势不如殖民者，故华语只用于华人内部交际，难登“大雅之堂”。由于华语缺乏竞争力，有的华人不得不放弃华语，以强势语言作为自己的交际用语，甚至作为家庭用语，最终导致某些华人的华语流失。为了生存发展，转换母语，不足为奇，很可以理解。

徐宗懋在《新加坡英文与华文的战争》一文中(《光华》，1992年4月，中英文北美版）说：早期新加坡华人有两大语言源流。一派是“英文至上”，“英尊华卑”；一派是受传统华文教育的知识分子。后者“很多人不敢承认自己懂得华文”，“在心灵上划下深刻的伤痕”。尊英卑华的严重恶果是汉民族传统价值观的失落。

新加坡共和国首任总理李光耀（1923— ）原本也是个“英文至上”主义者，他本是华裔，却是一个“英国化了的中国人”。他的原用名 Harry Lee（哈瑞·李）是英文，上的是英语学校，到英国留学，满脑子装的全是英语世界的知识、观念。据说：“其英语表达能力比大多数的历届美国总统还要强。”① 李光耀最初只会说英语，从政之后，为了讨好华人社会，多得选票，学会了汉语，又学了马来语和泰米尔语。语言与政治的关系，有时候政要人物比学者体会得更为深切。在掌权多年之后，李光耀认识到在一个华人占人口绝大多数的社会中，放弃华语，轻视华文，对该社会的稳定、发展并没有好处。徐宗懋的文章对此有论述。

① 马毅仁.《成者王侯》（之一、之二）.《读书》2001年第2、3期.

他说：

语言并非空洞的符号，它包含着一个民族的经验、智慧、思考和情感，尤其儿童所接受的母语教育更是一套有系统的价值观。新加坡政府期待用西方的语文推广一些与西方一些价值对立的观念，显然是简化了一个复杂的人文现象，必然遭到失败。此外，政府削弱了母语文化，将使所谓的新加坡文化建立在空洞的基础上，其实质等于“没有文化”。文化力的丧失将直接影响到社会的创造力，新加坡将丧失它的灵魂。

过去李光耀将语文和价值截然划分，现在他已承认错误，重新推广华文。

李光耀说：“我的结论是，每一个人必须有一套价值观来指导他的生活。一个社会亦需要一套价值观……华人必须保存其核心价值。这很重要，生存的素质、生存的技能，使中华文化保持一体性。”①

新加坡的经验教训很值得我们认真研究，华语华文的失落，也就是华人“核心价值”的失落。李光耀也感到了问题的严重。他批评新加坡社会已沦为“伪西方社会”，个人主义盛行，东方传统美德正迅速丧失。为了维护东方传统价值观，我们听到了这样的呼声：

如果你是华人，请用华文叙事。

① 《光华》.77 页，1992 年 4 月，中英文北美版 .

海外华人的“母语”情结，也为外国学者所关注。加拿大男性心理学家彭迈克（Michael Harris Bond）写了一本《难以捉摸的中国人》。他“在从中国个性意义上讨论语言作用以后”，发现了这样的事实：

> 饶有兴味的是中国人（特指海外华人）看来并不担心他们学习了西方语言英文以后会丧失他们中国人的特性。……他们把英文看作是一种国际交流的语言，是为了二十和二十一世纪经济现实必须掌握的一种有用的技能。测量中国人民族自大作用和他们文化传统的问卷，常常表明这种自大作用和接触、掌握英文之间并无关系。人们可以学习另一个群体的语言而不损害自己群体的传统。[①]

彭迈克的认识也可能不全面，完全“不损害自己群体的传统”，几乎是不可能的。此事有利有弊，不论弊端有多大，生存在异域，不掌握英文这种“国际交流的语言”，生存必然会遭遇危机。与其让生存遭遇危机，不如让“传统”（包括母语）遭遇危机，这是海外华裔第二代、第三代不得不做出的选择。至于第一代华人的母语情况几乎是与生俱来的。彭迈克归因于“中文是一种独特的语言文字”，故有利于“中国人特性”的保存，当然也有一定的道理。他说：

> 中文是一种独特的语言文字，要掌握它的书写形式更需要大量的训练。对于许多非中国人来说，由于中文

① ［加］彭迈克．杨德，译．《难以捉摸的中国人》．118页，辽宁教育出版社，1997.

> 的声调特点，要说中文也是很难的。这种种特点使得语言成了中国人政治讨论保留中国人特性中的一个重要因素，因为它十分有效地把其他人和在一堵象征性的莫测高深大墙后面的中国人隔开。中文也是家乡的语言，发自心声的语言，所以“母语”对中国人从感情上说意味十分深长，正如“母语”对世界各国人民也具有同样的意义。因此，中国人非常依恋他们的语言传统，对于逐渐下降的中文水准表示了极大的不安。这种情况在多种语言环境下尤其明显，因此家长常在空闲时间辅导他们的子女中文，或请中文家庭教师替子女补习中文。①

汉语的确是“一堵象征性的莫测高深”的“大墙”。它之所以会让外人有“莫测高深”之感，是它的文化根基实在太深太广了，世界上没有任何一种语言有这么悠久的历史，有这么丰富的文化积累。如果说，其他语言也是一堵宫墙，只不过如“赐之墙也及肩”，能“窥见室家之好”；而汉语这堵墙则如“夫子之墙数仞，不得其门而入，不见宗庙之美，百官之富。得其门者或寡矣”。(《论语・子张》) 不过，自从世界进入全球化时代以来，汉语这堵墙既不能“隔开”中国人走向世界，也不能“隔开”世人进入中国。汉语是民族的，也是国际的。海外华人既“非常依恋”墙内的“宗庙之美，百官之富”，也要走出墙外“窥见”他人的“室家之好”，两全其美，方可永远昌盛。

---

① ［加］彭迈克．杨德，译.《难以捉摸的中国人》. 117、118 页，辽宁教育出版社，1997.

四、大陆内地的母语意识

160多年来，大陆内地的母语意识以现今状态为最佳。

社会内部高度统一，语言规范标准明确，语言民主意识增强，语言开放意识大大提高。人们热爱母语、尊重母语的意识也比“五四”时期、民国时期（主要指“国民政府”时期）更为自觉、更为认真。与此同时，随着全球化的速度越来越快、程度越来越高，我们的母语意识正面临着新的挑战。摆在我们面前的有两对矛盾，一直未能正确对待，认真解决。也可以说，这两对矛盾严重地困扰着我们。第一对矛盾是现代和传统。母语是站在现代这一边呢，还是站在传统这一边呢，或是兼顾二者统一发展呢？我们说的母语主要是指现代汉语，现代汉语跟现代母语当然是一致的，双方构不成矛盾，而母语和传统的关系就颇为复杂了。因此，现代和传统的矛盾，对语言而言，就是现代母语和传统的矛盾。第二对矛盾是母语和外语的矛盾。社会上已有不少人对这一矛盾甚为关注，乃至于深表忧虑。

1. 母语和传统

我不相信“语言就是上帝”，也并不赞同“国家就是语言”。我要说的：语言就是传统。语言是传统的家园，人栖居于家园，也就是栖居于语言。并非我在说话，而是话在说我。话如何能说我，因为话是家园的主宰，而“我”终生终世都离不开“话”这个主宰。这里说的“话”、语言，具体所指就是母语。

母语既是意识，也是物质，它有完整的、独立的、生命力旺盛的物质体系、精神体系。完整的，是指它有自己的过去、现在、未来；独立的，是指它有自己的语音、语法、意义；它的语音是物质的，意义是精神的，它总是不断地不知不觉地变化着，所以说生命力是旺盛的。而变化之旅往往并非笔直的坦途。有可能变好，也有可能变坏；有可能变得真善美，也有可能变得假大空。

人的母语意识是有区别的。即使操同一母语的人，对母语的把握，对母语的认识，对母语的态度，会存在很大的差别。

从母语本身而言，有日常用语和非日常用语的区分。口语、大众用语、日用书面语、电视、电影、广播、广告、报纸、公文、流行音乐、通俗文学等，都属于日常用语，人们就是靠掌握运用常用母语进行思考、对话、写作交流。社会的运转，人们的南来北往，获取日常生活的各种信息，全靠常用母语。

母语中有它的非常用部分。如古代汉语、现代学术经典、现代散文中的精品。

常用部分和非常用部分是一个整体。如果我们把母语比作一棵大树，树干、树枝、树叶、花朵，都属于表层的常用部分，根是深层的非常用部分。传统文化的根就是埋在母语深层的非常用的部分之中。传统文化的流失，甚至出现了断层，一个重要的原因是母语的深层部分非常用部分没有得到继承、发扬，以致古书读不懂，学术无经典，散文无精品。

古汉语是母语的历史源头，乃根本所在，不只是专家之学，应为全社会所关注。母语和传统的矛盾正在于此。矛盾的造成并不是母语和传统本身所致，是操母语的人否定传统、轻视传统。矛盾是人为的，就需要人来化解。我们不能拿现代母语来反对古代母语，要通过学习古代母语回归传统。据《中国图书商报·书评周刊》2001年5月3日一篇文章说：

> 八九十年代有人问及钱先生（钟书）为何不招研究生时，他说："先把《说文解字》读通了再来考研究生也不迟，字都认不全，读什么博士。"（桂苓《百合心·圆融心》）

我一直在努力宣传我的一个观点：语言文字是中国传统文化的根。"字都认不全"，哪能根深叶茂。"认字"，基本上是蒙童教育阶段应完成的课题。《文字蒙求》这样的书，未必不可以在小学阶段学习。

有人认为："反观历史，一个集团，一个人群，甚至一个民族，自觉有点活不下去想换一种活法，决心要起来折腾那么一两下的时候，他们一般总是反传统的。"① 这个观点是有道理的。在学术上、在科学研究中，所有的创新也都是"反传统的"，谁也没有说过，所有的"传统"都应继承。"传统"是中性词，要具体对象具体分析。有的能反，有的不能反，有的基本上不能反。语言文字就不能反。语言文字作为制度，与民族的历史一样悠久，一个民族的思考方式、聪明智慧、精神财富、人生原则，在语言文字中得到保存。这个传统是全民族造就的，也是某些世家造就的。川端康成在《临终的眼》里说：

> 我以为艺术家不是一代人就可以造就出来的。先祖

① 陆天明.《传统、"炒而哗之"和梦想》.《中华读书报》1999年1月27日.

的血脉经过几代人继承下来，才能绽开一朵花。或许有些例外，不过仅调查一下日本现代作家，就会发现他们大多是世家出身。①

艺术家是这样，学者就更应该是这样了。“世家”有“世家”的传统，这个传统的根本特色就是对母语的全面深入了解，从母语的智慧之库中汲取营养。走进母语的智慧宝库，与圣贤对话，与高人对话，与大家（Great master）对话。160余年来，旧的学术世家渐渐没落。“先祖的血脉”一再被斩断。不斩于太平天国，就斩于外寇摧残；不斩于外寇摧残，就斩于“十年浩劫”。那“朵花”迟迟不开，或将开即谢，又有什么奇怪的呢。“家学”没落，乃“国学”没落之一大关键，亦为中国古今学术之大变。“家学”没落意味着母语的非常用部分失传。家学渊源即母语渊源，语言文字为学术载体，载体不存，何有于“渊源”？陈寅恪总结东汉以后汉族之学术文化特点时说：

故东汉以后学术文化，其重心不在政治中心之首都，而分散于各地之名都大邑。是以地方之大族盛门乃为学术文化之所寄托。中原经五胡之乱，而学术文化尚能保持不坠者，固由地方大族之力，而汉族之学术文化变为地方化及家门化矣。故论学术，只有家学之可言，而学术文化与大族盛门常不可分离也。②

① 叶渭渠，译.《川端康成散文选》.77页，百花文艺出版社，1995.

② 《金明馆丛稿初编》.147、148页，三联书店，2001.

学术“家门化”，固然有经济实力作为必要条件，也由于学术话语、学术资源、学术智力之培育家门化，也由于学术品格、学术理想与目标之家门化。家学之终结，乃传统学术之终结，母语的经典部分、精品部分，随之日趋式微。

我们还应注意到，家学的基础是家规、家教。家规、家教的基本话语是立德、立功、立言。清代金缨编的《格言联璧》第一条就是：

古今来许多世家，无非积德；
天地间第一人品，还是读书。

《颜氏家训·教子》有两段引文：

孔子云：“少成若天性，习惯如自然。”
俗谚曰：“教妇初来，教儿婴孩。”

家教就是母语教育，是典型的母语教育。家学的内容就是两个字：“德”与“学”。也就是《中庸》说的：“尊德性而道问学。”学术文化“地方化”“家门化”，故地方安宁，社会和谐，学术负起了指导社会的责任，学术话语转化为物质力量，许多矛盾化解于地方、家门之中。一个粗野无文的社会，一个粗野无文的家庭，一种粗野无文的语言，不可能使家庭幸福，社会和谐。母语的力量，传统的力量直接作用于社会的各个方面。摧毁这种力量的力量，往往是战争、暴力、民族侵略、拜金主义等。随着私有财产的壮大和得到保护，文化世家、学术世家百年之内有可能得到复兴。那时的人们再谈母语与传统的关系，将会比现在轻松多了。

2. 母语和外语

开场白："全民都为外语忙，唯有母语全忘了！"[①]

母语和外语的关系问题，说白了就是母语和英语的关系问题，这也是全球化背景下提出来的具有世界性、国际性的重大话题。法国人、俄国人、西班牙人……一切不是以英语为官方语言的国家，对此均甚为关注。某些识见肤浅的人把认真学好英语与英语在非英语民族中的地位问题（喧宾夺主）混为一谈，以为只是某些50岁以上、缺乏英语训练的人才对英语挤占母语的问题痛切关注，这就回避了问题的实质，把水搅浑了。有人还以日本为例，说日本把国际化奉为既定国策之后，甚至要把英语作为第二官方语言。这样的意见也值得拿出来作为教训国人的依据吗？日语的混合特点是人所共知的，日本要把英语"作为第二官方语言"仅仅是语言问题吗？早在明治维新时期，日本近代启蒙思想家福泽谕吉（1834—1901）就提出"脱亚入欧"的理论，还有人提出"要使日本化为欧洲的帝国"，甚至还进一步主张要使日本人"化为欧洲的人民"，还"唱言日本国语当易以英语，日本人种当杂以西种"等。彻底西化一直是日本追求的目标，当今日本的"国策"有哪一点不是跟着美国跑呢？以日本为例子来抬高英语的地位，将英语上升为"官方语言"，让中国也变成双语国家，我不知道国人中的大多数会持什么态度，恐怕赞成这种论调的人不会太多。

① 李辉.《青黄不接，谁之错?》.《随笔》2005年3月.

这位作者还以印度为例，说“印度人的母语就是英语”。如果不是一时疏忽，那就是信口开河。印度宪法提到14种母语，其中没有英语。[①] 印度以英语作为官方用语，这是英国殖民者种下的祸根。印度的语言冲突一直很尖锐，有时发展为暴力行为，甘地曾主张：“一旦英语从印度退出，应由印地语替代英语，……尽管独立后遭到来自印度南部的反对，印地语还是获得了印度国语的地位。”[②] 可是，“印地语和英语在对其地位、范围和职能如何相对划分的问题上一直进行着政治斗争。”[③]“可以肯定，在全国非官方的交际当中，虽然人们想努力降低英语的地位，扩大印地语作为连接语的使用，但这些努力不论在规模上还是在效果上都受到很大局限。”[④] 印度汉斯·杜阿在《印地语传播政策及其实施：成果与展望》一文中也介绍了印地语和英语的矛盾：

> 在1948年的立宪会议上，经过一系列的斗争和讨价还价，印地语才被接纳为国语。宪法对联邦政府的官方语言政策作出了正式的规定。依据这一政策，宪法第351条认为联邦政府必须“依照法律促进印地语的传播和发展，以使印地语能够成为表达印度文化各组成成分的一种工具”。同时，还设想1950年的宪法开始执行，15年以后印地语将取替英语在政府的各项工作中使用……

① 《简明不列颠百科全书》. 144页“印度诸语言”条，中国大百科全书出版社，1986.

② 周庆生.《国外语言政策与语言规划进程》. 102页，语文出版社，2001.

③ 同上书，438页.

④ 同上书，439页.

> 1963年通过的《官方语言法》顺应了反对印地语者的要求，仍把英语视为官方办事的用语之一。然而根据宪法规定15年后英语被印地语取代一事似乎毫无意义。由此引起语言冲突和暴力行为，结果是出台了1967年的《官方语言法》（修正案）以解决这一危机。[①]

我们从印度的语言危机中能受到什么样的启发呢？英语是英国人强加给印度的官方语言，最后发展到“印度的高级官员，包括多数以印地语为母语的官员”，竟然“并不渴望用印地语代替英语进行官方的交际”。[②] 这类“高级官员”拒绝母语，而认同一种侵略者的异族语言，这是为什么？这类受英国文化培养出来的“高级官员”为什么不顾及有三四亿人口使用的印地语的官方地位问题呢？请想一想。从语言问题我们也可以看出，印度是一个受伤害的民族，殖民主义的祸害给这个民族留下了深刻的矛盾和难以消除的遗毒。

汉语是幸存者，而且是胜利者。自16世纪西方殖民主义者向东方进军以来，只有中国人能挺起自己的脊梁，傲然屹立。尽管一次次被打得遍体鳞伤，千疮百孔，割地赔款，奄奄一息，而民族尊严还在，我们的语言文字还在。我们没有印度那种语言危机、冲突，这是值得庆幸的。如果我们也变为双语、三语、多语国家（指官方语言），这个国家、这个社会就会面临种种危机，价值观的转换，民族自信心的没落，社会的分裂、倒退，传统文化的斩断，民心的涣散，这都是可以想见的。那位赞扬“印度人

① 周庆生.《国外语言政策与语言规划进程》.663页，语文出版社，2001.

② 同上书，443页.

的母语就是英语”的作者，为什么不想想这些问题呢？据说：“宋子文当财政部长、外交部长、行政院长，甚至连中文公文要翻译成英文才能看得明白。西化美化到了无以复加的程度。”① 宋子文的“母语”是不是“就是英语”？

语言问题从来就不单纯是语言问题。有哪一个国家的人民群众不关心自己的母语的生存地位呢？去年，《中华读书报》记者康慨以《保卫西班牙语》为题报道了第三届西班牙语国际大会的情况：

> 本届会议的主题是“语言同一与全球化”。大会组委主席、阿根廷文化部副部长玛德莱娜·费拉斯（Magdalena Faillace）说：“这个全球化的单级世界的语言是英语，这已经引起了思想、生活方式和习俗的同质化，对包括语言在内的世界不同文化的生存构成了威胁。”
>
> 但费拉斯强调说，大会的目标并非要“妖魔化”英语，而是要提醒人们关注英语所代表的文化危机。②

迄今为止，我们中国人谁也没有要“妖魔化”英语，谁也没有不加分析地盲目地反对学习英语。相反，中国的英语热已经到了“走火入魔”的程度。2004年3月湖南人民出版社出版了一本书，叫作《走火入魔的英语》，是两位年轻人写的。一个叫朱鲁子，南开大学哲学系副教授；一个叫杨艾群，才20多岁，是编辑，记者。书中强调：

---

① 《读书》2001年第5期，134页.

② 《中华读书报》2004年11月24日.

英语教育不应该全民化，英语也不应成为“门槛”。(327 页)

这是政协委员谢克昌的看法。而前文提到的那位说“印度人的母语就是英语”的作者也批评了“甚至有位政协委员……”如何如何，照这样的思维方式，也应该批评法国人、俄国人和批评费拉斯才是。我们中国人要表达的，不也是跟费拉斯的意见一样吗？有人主张“全民学英语”，“职称评定由外语说了算”，“要用英语来讲授古汉语”等。我们确确实实感到了：我们的母语面临着“威胁”，面临着“危机”。法国人要保卫法语，俄国人要保卫俄语，西班牙人要保卫西班牙语，我们就不能保卫自己的母语吗？难道我们要向印度人学习，让英语也成为我们的官方语言，从而制造语言冲突，制造社会分裂，挑起人民不和？我们也学着那位作者的话说：“听他们的话，要多长个心眼才是。”

稍有文化史常识的人都知道：母语危机或英语威胁感，并非今日始。早在 20 世纪初年国粹派主将邓实就大发感慨，说当时中国的文化风气是：

尊西人若帝天，视西籍如神圣；方言（指外语）之学堂，翻译之会社，如云而起。盖不待秦火而十三经、二十四史、诸子百家之文，不及十年，吾知其必尽归烟灭矣。[1]

① 转引自罗志田《国家与学术：清季民初关于“国学”的思想论争》，67 页，三联书店，2003.

成立“方言学堂”（外语学校），建立“翻译会社”，为适应时代需要，乃进步举措。学外语、译洋书，沟通中西文化，促进中西交流，是中华民族得以生存，得以进步，得以走向世界的必要条件，是全球化进程中必须要发生的大变革。而翻译、外语并不只是知识的输入、语言工具的输入，实际是宇宙观、世界观、思维方式、思想体系、道德体系、生存原则的输入，对传统文化构成强大的冲击、碰撞。在这个过程中，旧文化必然会发生分化，大体上会产生三种态度。一种是不分青红皂白，坚拒外来文化，视异族文化如洪水猛兽；另一种是“尊西人若帝天，视西籍如神圣”，主张“全盘西化”者就属于这种人，主张“采用欧文句读法，欧人脑理清晰，中人脑理糊涂”，骂“中国文字野蛮”，待“时机已熟，当废汉文，当用万国新语”者亦属这种人；[①] 还有一种是吸收新知，不废旧学；学习外语，保护母语。在清末民初，章太炎、邓实等就属于这一类。章太炎的《驳中国用万国新语说》[②] 是20世纪初年捍卫汉语汉文最具影响力、说理最充分的一篇不朽鸿文。吴稚晖读此文后，又写了一篇《书〈驳中国用万国新语说〉后》，认为“语言文字之为用，无他，供人与人相互者也。既为人与人相互之具，即不当听其刚柔侈敛，随五土之宜，一任天然之吹万而不同，而不加以人力齐一的改良。”[③] 他所说的“人力齐一”就是以牺牲汉语汉字为代价，以牺牲汉文化为代价。在他看来，中国文化本“不足为学术”。将来有一天，“无

① 即吴稚晖等，上引文句见《吴稚晖先生全集·国音与文字学》，34、37、41页，九州出版社，2013.

② 见《国粹学报》1908年第41、42期.

③ 《吴稚晖先生全集·国音与文字学》.38页，九州出版社，2013.

论摆伦（拜伦）之诗，汉士之文，不在摧烧之列，即为送入博物馆之料”。[①] 吴氏对语言文字以及文化的认识是非常肤浅的，所以盲目崇拜欧洲，崇拜西方。

当年，大声疾呼，挺身而出，保护汉语汉文的，还有邓实。邓实在《语言文字独立》中说：

语言文字者，国界种界之鸿沟，而保国保种之金城汤池也。[②]

邓实把语言文字和国家民族的命运联系在一起，保卫母语，也就是保卫国家，保卫民族。即使国亡种亡，只要语言文字不亡，种和国就还有复兴的希望。如果语言文字也亡了，文化就不存在了，国和种的血脉、命根子就彻底斩断了。汉语汉字，树大根深，不是吴稚晖等几个人能撼得动的。可是，汉语不亡，汉字健在，章太炎、邓实等人的捍卫之功是不可磨灭的。他们是20世纪初年保卫母语母文母体文化的大功臣。吴稚晖读了《驳中国用万国新语说》之后，很不服输，在他看来，“缺失甚多之死文，及野蛮无统之古音”，不是“陈之于博物院”，就要“投入垃圾之桶”。他向章太炎挑战说：

作者如其不信，试悬我等二说于方来，遭后人瘟臭之毒骂者为谁。[③]

① 《吴稚晖先生全集·国音与文字学》. 43页，九州出版社，2013.

② 邓实.《鸡鸣风雨楼独立书语言文字独立》.《政艺通报》1903年第23号。转引自郑师渠《晚清国粹派文化思想研究》，131页，北京师范大学出版社，2000.

③ 《吴稚晖先生全集·国音与文字学》. 41页，九州出版社，2013.

吴氏此文发表于民前四年（1908）七月二十五日《新世纪》第五七号，距今快百年了。所谓“方来”，此其时也。“二说”谁是谁非，该挨“毒骂”的究竟是谁，历史已有定论。我们不必苛求前人，更没有必要“毒骂”吴老先生。最为重要的是从章吴之争中吸取教训，把这种争论当作宝贵财富，不再重复前人的错误，使我们在中西文化碰撞中，决策更加成熟，心态更加健康。我以为全部教训只有一条：

> 对待母语、母文、母体文化这样一些关系到国家命脉、民族命运、传统文化生死存亡的根本问题，凡我炎黄子孙均应取慎重态度，取自尊自爱自卫的态度。

这不是杞人忧天，也不是做作惊人之辞，更不是小题大做。这是大题大做。因为我们又面临着新一轮的中西碰撞了。毛泽东时代，由于西方某些国家对我实行封锁政策，而我们又是“一边倒”，母语和外语的矛盾并不突出，母语的地位从未受到任何挑战。现在是改革开放的新时期，外国人要走进来，我们要走出去。不论进来出去，起码的前提是要懂得外语。学外语是对的，是非常必要的，可外语和母语的关系问题，二者的地位问题又提出来了。现在毕竟是新时期了，吴稚晖们那样幼稚的主张已经没有了，即使有也不能公开面世、蛊惑人心了。可问题的存在比吴稚晖时代还严重。因为吴氏等人只不过是几位在巴黎混日子的书生，如果说他们的主张也算是一种理论，那仅仅是停留在理论层面说说而已，经章太炎一批驳，实际效应也就很有限了。现在“英语热”“托福热”，已是一种强大的物质力量，甚至影响到制度和政策，影响到各个阶层的人、各种不同年龄的人。

先从儿童说起。

一种母语、一种母语意识是否会受损，是否得到承继，是否会流失，不在成年人，更不在老年人，主要在儿童。儿童的语言教育、语言灌输是关键。中国人总是这样，哪里最吃香，将来能挣大钱，最有“出息”，就往哪里扎堆，就把自己的子女投进去，不惜血本。现在是英语最吃香，父母就抱着领着，让儿童就往英语这个堆里扎。谁不指望那芝兰玉树生在自家的庭阶前，哪个父母不指望川端康成说的那“朵花”绽放在自家的“宝树”上。我很能理解。可家长们犯了一个大错误，背离了由浅入深，由中入英的原则。母语还说不好，母文还写不顺，母体文化还是一片空白，就强迫孩子向英语进军，其后果必然是：此路不通！为了给读者提供些感性材料，我们引用几则公诸报端的文字作为例证：

例一：2003年1月8日，北京某小报有一则推销“好记星”的广告：

孩子英语差，最痛心父母。

“好记星”帮孩子快速提高英语成绩，立竿见影，让全家人梦想成真。

有了好记星，孩子进步快，教师强烈推荐，家长们一传十，十传百，很快成了一股势不可当的潮流。

各大城市的好记星专柜，每天都挤满了前来咨询、购买的家长。好记星成了家长们心目中的耀眼“明星”，

> 正在帮无数为英语苦恼的孩子摆脱困境。英语学习的面貌焕然一新，让很多孩子的命运出现重大转折。

商家的广告用语难免夸张，不可全信，而商家最会揣摩家长们的心理，最了解市场的需求，而主宰市场的又是什么呢？是真正的需要呢，还是瞎起哄、架秧子呢？此种问题不是市场说了算，而是教育规律说了算。

例二：2001年7月18日《中华读书报》的《每周瞭望》登了一篇发人深思的文章。题目是《冷眼观瞧流行文化，“波鞋”与球鞋》。作者说：

> 波（Ball）鞋就是球鞋，只是一中文名，一英文音译名而已。但我的小孩儿不这么看。有一次她让我给她买一种鞋，我嫌贵，要给她买另一种，并希望通过“思想工作”让她同意我的选择。我说：都是球鞋，有多少差别呢？她一听，眼睛睁得大大的，瞪着我说：“你有没有搞错？你那是球鞋，我这是波鞋！”
>
> “球鞋”与“波鞋”原来有这么大的不同！一个鞋的质量等级被名称、符号的等级所取代。这时我才明白，同一类东西，有的要用中文名叫之，有的却必须用英文名称之，是因为其价格等级不同。二者的差别之大，足以在流行观念里成为两种东西。或者说，同一类东西，只要能够被冠以英文名，其身价就不同了。

这位家长在肯定“中国当下的流行文化”“是有历史作用的”

同时，也指出：

> 我们同时也应看到，流行文化背后新的权力关系，新的专制力量的危险性。它正帮助现代性在全球的扩张。它正帮助西方文化以“新”与“好”的名义对中国大举进攻。而新的“大众”时尚、新的金钱专制使我们的个性，使我们的自由面临着新的威胁。[①]

“波鞋”与球鞋的故事告诉我们，中国下一代的价值观念就是这样一点一滴地在改变，“代沟”就是这样一事一物形成的，英语对我们母语的“专制”就是这样从衣食住行开始“大举进攻”的。

《北京青年报》2001 年 11 月 13 日登载张智丽的一篇小文章。题目是《外语学太早文理分太开　一院士质疑现行教育》：

> 目前，从幼儿园到大学，教育界都在大力提倡双语教学。过早地让孩子学习外语，可能会影响正常思维的发展。当他们在运用母语思考问题的时候，外语可能会干扰他们的思维，甚至可能会造成逻辑混乱。
>
> 杨教授（中国科学院院士杨雄里）还认为对于大多数人来说，外语只是一个语言工具，能够达到交流的目的就可以了，没有必要过分地追求和母语达到同一水平。

① 程文超.《冷眼观瞧流行文化，“波鞋”与球鞋》.《中华读书报》2001 年 7 月 18 日.

学外语当然是从少年时代起步好，无论是发音的模仿，词语的记忆，都是最佳时期，可从幼儿园开始学外语，恐怕是太急切了。还有一点必须肯定，母语学不好，外语肯定学不好。儿童物质营养不良，危害立见；精神营养不良，往往要多年之后以至几十年之后才得以见。“百年树人”的道理就在于此。早在1924年，章太炎就提出警告：“束发之童，口诵耳习者，即为外国文，欲国性之不沦亡，不可得也。”①

现在说“全民学英语”。

这方面的文字资料相当多，这里只举两种。

资料之一。《北京青年报》的副刊《生活时代》于2001年11月2日用了三个整版面登载了一篇长文。题目叫《英语　你的绩优股　我的垃圾股》。文章分“经济篇”“文化篇”“历史篇”“闲篇”。采访记者：祖薇　李东颖　王贞　李燕。执笔：李东颖。

经济篇：“据统计：市场普遍疲软　英语产业年产值却突破百亿。”“据估算：每年在学习英语上的浪费也数以亿计。”

文化篇：“在分析为什么巴黎会在申奥中落败时，有专家说这归咎于法国人的骄傲。在法国呈送的宣传资料中，只有法文的没有英文的……”

“2008年奥运会将在北京举行，于是有一个历史教授提了一个很理想化的说法，就是能不能在2008年奥运会上以中文为第一语言，结果遭到了与会人员的反对。”

这两种材料不知确否？如果真确，中法对待母语的不同态度就构成了鲜明对比。孰是孰非，不必评论。

① 马勇.《章太炎讲演集》.85页．河北人民出版社，2004.

“语言渗透背后的文化入侵。”“目前中国 IT 人时髦的、标准的说话方式——普通话夹杂着英语单词。”

“在渗透语言的同时，英语文化也在传染世界。”

“对于英语乃至英语文化的入侵，有专家指出，不必太紧张……捍卫我们的文化和语言的最佳途径，就是推进其在这个全新的世界上繁荣昌盛，而不是天真地坚持把其隔离起来以使之免受英语的威胁。”这些意见都是非常正确的。我们要加以补充的是，自我“隔离”绝对不可，而“同化”也绝对不可。努力学习英语，随时捍卫母语，乃两全之策。

历史篇：介绍了“英语学习的几次狂潮”。

我们很感谢李东颖等几位先生。他们用丰富的事例、数字为我们全面介绍了“全民学英语”“疯狂学英语”的基本情况。它将成为一篇历史文献，可供人们认识了解这一时期英语教育的重大意义及其副作用在哪里。

资料之二。外国人看好中国的英语市场。2004 年 3 月 23 日《北京青年报》记者范海涛报道，题目是《英语培训是座百亿金矿》。

> 日前，牛津英语新任董事长琼斯上任后首次来华接受本报记者采访时表示，中国目前有 1 亿人需要参加英语培训，以每人花费 100 元来计算，国内英语培训市场将超过 100 亿元。

牛津英语来北京、上海办学，为中国培养英语人才，提高这些工作人员的国际竞争力，这是大好事。可这些工作人员的母语情况如何？他们对母语的认识、态度又如何？我也用资料来说话，听听各方人士的意见。

2003年9月3日《中华读书报》登了一篇小文章，作者是《深圳青少年报》的李跃，题目是《母语的尊严》。他说："英语的重要性不言而喻……看一看各种英语培训班火爆的场面就知道。然而，作为我们的母语，作为一根文化传承的纽带，中文却或多或少地被我们所忽视了。比如，一些大学生特别是理工科大学生，在写作专业论文时常常会出现逻辑混乱，语句不通的现象，甚至连汉字都写不好。"李跃先生只说到"理工科大学生"，这不公正。请问：白领如何？官员如何？教授如何？名牌大学校长又如何？他们的汉字都写得像个汉字吗？他们的错别字见之于报端见之于文件见之于牌匾见之于题字的还少吗？

《北京青年报》于2001年11月28日登载了一篇非常短的文章，题目叫《英语虽重要　母语不可轻》，作者沈海清在读了《英语　你的绩优股　我的垃圾股》之后，赞扬"这是一篇好文章"。然后说：

> "汉语并非弱势语种。随着中国的强盛，汉语也会愈加受重视。可我们的教育体系及一切体系对汉语的重视程度又如何？这可是我们的母语啊！我们这么一个大国家，母语如果被边缘化是很危险的！西方资本主义国家对我们的殖民思想并没有消除，……英语不应该成为中国人的生命线。"

真理往往在老百姓手上，他们的声音往往最能反映国家和民族的长远利益。

资料之三。《"英语叶公"知多少?》，这是刘海明先生写的一篇小文章，登在《中华读书报》（2003年3月19日）上。他所说的“英语叶公”是什么意思呢？是：

> 尽管许多人手上持有英语六级证书，但绝大多数属于“哑巴英语”，见不得外籍主考官这样的“真龙”现形。
>
> 应该承认，“英语叶公”是现今中国特有的一个相当庞大的群体。
>
> ……“英语叶公”属于花瓶型的人才。这些人的外语水平，用“上不了厅堂，只配下厨房”来形容并不过分。要问时下我们四周的“英语叶公”到底有多少，还真难以确切统计出个数字。

“学如牛毛，成如凤毛麟角”，古来如斯。原因很多，不排除赶浪头者，赶时髦者，装点门面者，随大流者，不论哪种情况，都可证“全民学英语”的提法，弊端甚多。

现在说报纸杂志和学术界的英语热。

资料之一。2001年9月3日《北京青年报》有记者报道：“报纸中英语混杂，读者看不懂。北京各报出台整改措施，凡出现外语内容必须作汉语注译。”

资料之二。1996年5月11日《北京青年报》刊出肖赛亮的文章《报纸还是别“玩洋的”》。作者说：“笔者并不反对外文在某些专业性很强的学术期刊上的运用，因为那有便于中外科技学术的探讨和交流。但是，对于一些平常得不能再平常的词汇字句也硬要‘中国马学洋驴子叫’那般生吞洋文，活剥中文，故弄玄虚，实在叫人大倒胃口。”

资料之三。《用自己的语言发言》，这是中国艺术研究院梁治平教授的一篇文章，登在《中华读书报》（2003 年 11 月 12 日）上。梁教授说：

> 国内一所顶尖大学引进人才先要测试外语，这也许并不奇怪，因为一位国家领导人视察该校，就问到那里有多少人可以用英语授课。在这样的氛围里，“外语”自然成为一项考量教育和学术水平的重要指标。个人成绩考核，以在“外文”期刊发表得分最高；学校排名，也以其外文发表之数量为重要指标。至于大量国内出版的学术著作，为表明其与国际接轨的意向和努力，许多也附以英文书名，目录和提要。甚至，有关部门还要求所有中文学术刊物都应附英语目录，谓之规范化。
>
> ……中央电视台，不久前曾播出一条消息，谓某医科大学科研进步，能用英语查房……我看不出英语查房有何必要，且不说这种牺牲医患沟通和患者知情权的“接轨”法与国际间应当借鉴的做法毋宁说是背道而驰。然而，时下流行的国际化大多如此。

“用英语授课”首先要问是什么课，其次要看受众对象。“用英语查房”，不可思议。

考量各色人等，根本不问母语母文程度如何，唯英语是问，这是 20 余年来选拔人才的一大失误。当年蔡元培“引进”刘师培、黄侃为北大教授，并没有“测试外语”。刘与黄是货真价实的“国学大师”，“英语叶公”们不能望其项背。就“国学”根底而言，洋博士胡适也不能与之逐高低。蔡元培时代的北大至今仍让人赞叹不已，就在只问学问，兼容并包，不拘一格用人才。今年《随笔》第二期有一篇智效民写的《大学校长竺可桢》，文中有这样一条资料：

> 前些年苏步青担任复旦大学校长时还说："如果允许复旦大学单独招生，我的意见是第一堂先考语文，考后就判卷子。不合格的，以下的功课就不考了。语文你都不行，别的是学不通的。"（原注：《学林散叶》，第250页，上海人民出版社，1997年）

苏步青是数学家，他能认识到："语文你都不行，别的是学不通的。"当今的校长、数学家能有这样的见解吗？不仅苏步青如是云云，国学家黄侃早就说过："语言文字之学，为各种学问之预备，舍此则无一可通。"①

资料之四。《中华读书报》登载梁治平教授大作的同时，还登了陈来教授的《"国际化"与"中国化"》。其中有一段文字颇为精到："中文学术刊物的建设是关系到中国文化建设的大事。如果，我们的教育科研体制提倡甚至要求我国人文社科的学者以英文发表论文，我国学者也一心以英文写作为能事，谋求在外国英文杂志发表，而置本国语文写作于不顾，那就必然导致，我国的人文社会科学学者与当代中国文化建设的完全脱离。他们的学识、思想、观念和研究成果将无法影响中国的社会文化，而他们的研究和

① 《蕲春黄氏文存》. 223页，武汉大学出版社，1993.

关注也将唯外国杂志之关切为转移，完全脱离中国社会文化的问题和要求。又由于被强迫使用非其母语的语文，必然使得中国学者永远沦于二流学者（自然科学则不同），而中文这一具有几千年历史的优秀语文亦必由于失去这些学者的写作支持而渐行衰落。我们必须正视这一‘釜底抽薪’的危害。事实上，这正是香港高教文化在英国殖民时代的死结，至今流毒未清。”

陈来说得很对，香港的“流毒未清”。可我们还要把这“流毒”引进内地，“一切以英文授课、英文发表为上”，这不就是董乐山所批评的“自我次殖民地化”吗？简直连香港都不如了。这些大人先生们，居心何在！

说到这里，我们可以总结一下。处在全球化背景下，尤应坚持母语第一，外语第二的原则；外语重要，母语更重要。从个人修养而言，多一门外语就多一双眼睛，学习外语，多多益善；从职务要求而言，应区别对待，以实际需要为考核标准，不能“一刀切”。不论在任何情形下，我们都应注意，语言问题乃民族生死存亡所系。语言扩张，语言同化，时刻都在发生，我们要有相应的政策、制度，抵制扩张，抵制同化。而且，汉语要走上世界，积极参与竞争。传播汉民族的语言文化，也是为全球作贡献。

叁、传播意识

下面谈三个问题。

一、语言的两种身份。

二、汉语传播意识的发展过程。

三、传教士与汉语传播。

一、语言的两种身份

任何一种语言都有两种身份：母语身份和外语身份。本民族的母语就是他民族的外语。作为全球化时代的语言人几乎从儿童时代起，就被领进学习外语的课堂。人们普遍面临着学好母语之外还要学习第二种语言的要求。

本民族语言的第二种身份取决于他民族的第二语言，彼方的第二语言就是此方的第二身份。也就是说，一种语言只有具备“第二语言”资格时才有可能获得第二种身份。

同一种语言，它的第一身份与第二身份在性质上是不一样的。作为第一身份它是基础语，作为第二身份它是目的语。身份性质的转换并非语言结构性质的转换，而是语言应用性质的转换，语言应用中应用角色的转换。

语言应用角色的转换始于语言接触，语言接触的过程就是语言传播的过程。

语言传播可以是弱势语言向强势语言使用者传播，也可以是强势语言向弱势语言使用者传播，总体来看，以后者为主。这里的决定因素是目的，目的决定传播方向。

以商贸为目的的语言接触，哪里有钱可赚，有利可图，哪里的语言就会获得第二种身份，进入传播领域，成为对方的第二语言。

以宗教为目的的语言接触，哪里是宗教圣地，哪里的语言就会随着宗教的传播而传播。情况也可能完全相反，哪里是宗教传播的目的地，哪里的语言就必然会成为宗教传播者的第二语言。以“取经”为目的，就要学习研究“经文”的语言，经文语言向取经者传播；以“传教”为目的，就要学习研究受教者的语言文字，受教者的语言文字向传教者传播。传教者与取经者都要把别人的基础语作为自己的目的语（或称目标语，target language），这跟该语言的国际地位没有必然的联系，跟该语言是强势语言还是弱势语言没有关系。

以跨文化对话为目的的语言接触，强势文化一方的语言文字往往向弱势文化一方传播。弱势者向强势者看齐，向强势者求法，第一关就是语言文字，不过语言关就不得其门而入。这就造成了语言传播的极不平等。强势者的语言虽然有显赫的第二种身份，但强势语言的使用者往往不懂第二语言。第二语言之于他们似乎可有可无，他们的第一语言就能走遍天下无障碍。相反，弱势语言的使用者，他们中的文化精英，他们中的知识分子，甚至于贩夫走卒，都要不同程度地通晓第二语言。唐代汉语是强势语言，无论是在西域还是在东亚、南亚，它的第二种身份是公认的，而唐代的文化精英有几人通晓第二语言？对于汉语而言，当时的韩语、日语、越南语是弱势语言，而他们的知识分子精通汉语汉文的不在少数。汉字在当时的传播达到极盛阶段，对这些国家的历史、文化、人文精神等产生了极其深远的影响。如今的英语是世界范围内的强势语言，它的第二种身份没有任何一种语言可以与之抗衡，而英语世界除了有关专业涉及汉语、必须学习汉语之外，有几人把汉语作为第二语言呢？他们的教授、专业研究人员、技术人员要考汉语才能晋升吗？汉语世界就不同了。各行各业都得考英语，以至发展到“走火入魔”的地步，第一语言要让位给第二语言，无论是家庭还是学校、社会，对第二语言（这里专指英语）学习的重视程度远远高于第一语言（母语）。

以占领、殖民为目的的语言接触，属于非自然非正常接触，占领者、殖民主义者从来不会尊重占领地、殖民地的语言地位，他们总是要把自己的母语作为该地区的第一语言，作为官方、学校、商贸的公共通用语言，排斥歧视本地人的母语，本地人不得不拿异族语言作为自己的第一语言，久而久之，本地人为了生存，为了竞争，为了立足社会，为了取得异族统治者即殖民主义者的认同，有的人自觉地放弃了祖传的母语，祖传的文化，祖传的生活习俗，彻底异化；有的人只在家庭或宗族亲戚范围内还使用祖传的第一语言，而在公众场合则使用殖民者的语言。殖民者的同化政策，莫不以语言同化为首务。语言同化意味着语言身份的彻底丧失，必然遭到抵抗，也必然会有人以同化为荣，古今中外，都是如此。颜之推说齐朝有一士大夫，教自己的17岁小儿学“鲜卑语及弹琵琶，稍欲通解，以此伏事公卿”。北朝崇尚鲜卑语，也是一股不大不小的潮流，而颜之推本人却不甘心鲜卑化。他在《教子》篇中说：“异哉，此人之教子也！若由此业，自致卿相，亦不愿汝曹为之。”现在某些崇洋媚外的大人先生们，还有颜之推那样的文化骨气吗！

语言传播，有各种不同的性质，各种不同的条件。既是语言问题，又是政治问题。区分正常传播、自然传播与非正常非自然传播，才能采取正确的对策，制订既有利于本民族语言的健康发展又有利于彼此交流的传播制度。

语言为什么会传播呢？为什么不能封闭呢？也就是说，为什么任何一种语言都有两种身份呢？我们说的任何一种语言当然是指现代民族的各种语言，不包括那些“生命垂危”的只有极少数人使用的部落语言。如：

菲律宾棉兰老岛哥打巴托山中的原始部落塔萨代人(Tasaday)，据载：“1971年6月发现时，只有24人，成年男子10人，成年女子5人，儿童9人中大半为男童。”“由于语言障碍，只能凭借附近猎人一知半解的翻译。”①

20世纪末有报道说：拉脱维亚的利沃尼亚民族只剩下4个人会说本民族的语言了。“约有2000人居住在这个地区，但是他们中没有一个人认为利沃尼亚语是他们本民族的语言。”

美国阿拉斯加大学语言学家迈克尔·克劳斯说：“美国仍在使用的175种印第安语中，由母亲教给婴儿的只有20种；祖父母辈会讲的有70种；另外55种语言则只有10个部落成员——或数目更少的人——会讲。”②

上面提到的这些语言，自身“生命”不保，遑论传播。

一种语言具有第二种身份的资格，必须具备四个条件：本民族具有独立的社会政治地位；具有相当数量的使用这种母语的民族成员；具有本民族独特的文化资源或经济资源；得到当政的主体民族的保护，使这种语言在学校在公众场合有传播的可能。

由于语言有大小之别，有主流边缘之别，有语言使用者经济实力文化地位的不同，语言第二身份的认同程度、传播范围，必然会呈现出层级上的不同。

第一级传播以国际为范围。如英语、汉语、法语、东非的斯瓦希里语（坦桑尼亚、肯尼亚的官方用语，还是乌干达、布隆迪、赞比亚、索马里等地的通用语）等。这类语言都具有“文字化语言”的特性，都有悠久的历史，有丰富的个性化的文化内涵，有规范化的稳定的内部系统，有广泛的强大的民族基础，有国家认可的母语身份，是该国政府、教育系统、公共媒介、商贸

① 《菲律宾的塔萨代人》.《民族译丛》1981年第6期，49页，王恩庆摘译自日本《世界民族》第10卷，1979年平凡社.

② 《参考消息》.1998年6月13日.

体系的通用语言。这类语言的第二种身份几乎是长久不变的，可变的是身价高低、通用范围的大小和随着经济起伏带来的冷与热。如韩国的“汉语热”，中国的“英语热”。俄语在中国也“热”了若干年，后来“冷”了下来，但俄语仍然属于第一级传播范围的国际用语，属于国际性语言。

第二级传播以地区和国家为范围。如日语、希腊语、瑞典语等。这类语言都具有“国语”的地位，可作为第二语言，还进入不了国际性语言的范围。

日本基本上是个单语国家，日语在国内的传播对象主要是日本的少数民族阿伊努人和来自朝鲜、中国的移民及其后裔，在国外的传播对象主要是侨居巴西、夏威夷等地的日裔。

希腊语是希腊的官方语言，又是塞浦路斯共和国两种官方用语之一，土耳其的伊斯坦布尔和意大利卡拉布里的某些村庄也使用希腊语。

瑞典语是瑞典官方语言，也是芬兰两种官方用语之一。瑞典语在芬兰属于少数民族语言，占芬兰总人口的6%。芬兰推行双语政策，“在以芬兰语为教学语言的学校中，必须学习瑞典语，而在以瑞典语为教学语言的学校里也必须学习芬兰语。”①

以上三种语言的传播或以民族迁移或以同族异国为条件。其中日本曾用占领、殖民的非正常手段在东南亚，在太平洋岛屿，在中国的台湾、东北，在朝鲜等地强制推广日语，禁止这些地方使用自己的母语，甚至禁止学习和使用英语，企图使日语成为全亚洲的共同语言，最后以惨败而告终。日本的平高文也说：“我们绝不要忘

① 周庆生.《国外语言政策与语言规划进程》. 449 页，语文出版社，2001.

记，如果抛开道义上的考虑，语言传播政策可以成为侵略的手段”。[①] 历史上所有的侵略者，没有谁不使用这种侵略手段的。

第三级传播以民间为范围。这类语言都是地方性的少数民族语言，特别是少数民族聚居的地方，他们在社区性的公共活动中，在私人生活交往中，往往几种语言并用，几乎从儿童时代起，就能使用双语或多语。由于使用人口的多少不同，经济实力不同，文化发展程度不同，这些语言的传播力就会出现种种差异，这些语言的地位和发展前途就会出现事实上的不平等。所谓语言混合、语言融合、语言转换、语言同化就悄悄地在各个语言社区发生了。往往最后一个使用小语种的老者去世，这种小语种也就灭亡了。“语言学家预言说，下世纪每年将有 12 种语言死亡。”[②]

语言死亡的第一步就是第二种身份的丧失，异族人根本不用这种语言，说明这种语言没有竞争力，没有传播力，没有与他种语言接触的能力；第二步就是本族人尤其年轻人不得不去学习强势语言，慢慢地看不起自己的母语，进而丢弃自己的母语，于是这种语言的第一身份也随之丧失。所以，语言传播力是语言生命力的表现。语言如果处于孤立状态，处于封闭状态，处于停滞状态，语言的生命力也就终止了。世界上许多国家都有几十甚至几百个民族，有众多的大大小小的语言，而这些民族这些语言都不是孤立的存在，各民族之间存在千丝万缕的联系，又会有各种各样的矛盾，作为民族标志的语言，在“联系”和“矛盾”中都是

① 周庆生.《国外语言政策与语言规划进程》. 679 页，语文出版社，2001.

② 端木庆权.《人类有六千种语言》.《光明日报》1996 年 11 月 23 日.

最为敏感最为现实的问题。语言的生死存亡在一定意义上就等于民族的生死存亡。而人类社会发展的大趋势对小语种的前景是凶多吉少。保护小语种，拯救濒危语种，实属当务之急。

二、汉语传播意识的发展过程

在多元一体的中华民族大家庭中，汉族是主体民族，汉族人口占90%以上。即使在全球范围内，汉族人口也占第一位。

汉民族不仅人口占绝对优势，文化历史也源远流长，从未有过中断。汉文明是中华文明的核心，也是整个人类文明的重要组成部分。这些条件决定了汉语传播的必然性。

在遥远的古代，汉语就已经朝两个方向传播。一是境内传播，以众多的少数民族为对象；二是境外传播，主要以亚洲特别是周边各国为对象。境外传播的历史起码已有两三千年。

汉语的传播历史，古今大不相同。古代汉语的传播基本上是以中华大帝国向四周输出先进文化和商业上的平等贸易为基础，汉语随着汉族的精神文明、物质文明向四周邻邦辐射，其最高成就是形成了一个以中国为中心的“汉文化圈”。

近现代以来，汉语面对的国际形势与往古相比发生了根本性的变化。在西方强势语言文化的冲击下，汉语在四邻的阵地一个一个陷落，“汉文化圈”敌不过殖民主义的强大压力，土崩瓦解。中国经历了闭关锁国、国门洞开、西方封锁、改革开放的曲折历史过程，汉语传播以及汉语传播意识的发展，取决于这些历史过程。有什么样的历史过程，就有什么样的传播形态。研究百余年来的汉语传播历史，一定要认识近百余年来中国社会翻天覆地的变化，汉语与这些“变化”一齐浮沉，它的传播历程也是乍沉乍浮。

1. 闭关锁国时期（1723—1840）

1722 年，享年 69 岁的康熙去世，标志着一个时代的结束。当时的中国人对康熙去世与中国命运之间有什么关系，其感受远不如天主教传教士那么深刻，那么痛切。也许是旁观者清，请听听他们那种深沉的悲哀：

> 这座皇城里的事物已经大变样了，甚至整个帝国都大变样了。传教士和他们所宣传的神圣宗教的庇护人——康熙皇帝，伟大的康熙不在了！[①]

所谓“整个帝国都大变样了”，并非危言耸听，康熙是一位在历史上极为罕见的酷爱近代科学的国君。“于处理国政大小事件外，犹能有时间研究科学……康熙嗜好之科学，为几何、代数、物理、天文、医学与解剖学。”[②] 那本欧几里得（又译为欧克利，Euclid）的《几何学》，“从头到尾至少读了 12 次之多。”[③] 这类科学来自西方，来自西方的传教士。传教士成为中西文化交流的使者，也为汉语传播发挥了积极作用。传教士们与康熙之间建立了深厚的情感。康熙五十九年（1720）十一月八日在乾清宫西暖阁召见苏霖、白晋、巴多明、穆敬远、戴进贤、严嘉乐、马国贤等 18 位西洋人。康熙说：

① 《耶稣会士书简集》第 37 卷，第 12—13 页。转引自阎宗临《传教士与法国早期汉学》，32 页，大象出版社，2003.

② Du Halde，op，T. I，p. 478—479。转引自阎宗临《传教士与法国早期汉学》，136 页，大象出版社，2003.

③ 阎宗临.《传教士与法国早期汉学》. 25、139 页，大象出版社，2003.

尔西洋人，自利玛窦到中国，二百余年，并无贪淫邪乱，无非修道，平安无事，未犯中国法度。自西洋人航海九万里之遥者，为情愿效力，朕因轸念远人，俯垂矜恤，以示中华帝王，不分内外，使尔等各献其长，出入禁庭，曲赐优容致意。尔等所行之教，与中国毫无损益，即尔等去留，亦无关涉……①

康熙对西洋人的政策是“不分内外”“出入禁庭”“优容致意”。到了1723年雍正即位，这条政策就完全毁弃。西洋传教士受到打击迫害，起因为康熙诸子继承权之争。雍正为争夺帝位，将其五个兄弟投入监狱，迫害致死。此五人为康熙长子胤禔（1672—1734）、次子胤礽（1674—1725）、三子胤祉（1677—1723）、八子胤禩、九子胤禟（1683—1726）。

穆敬远（1681—1726），葡萄牙人，“1700年起在中国工作。由于他的中文好，得到康熙皇帝特殊的宠爱……雍正继位以后，将胤禟和穆敬远一起发配到青海西宁……穆敬远1726年8月18日被处决。”②

据意大利传教士马国贤（Matteo Ripa，1682—1745）回忆：康熙去世“几个月后，所有欧洲人都受命集中到内务府（Board of the Imperial Household）。官员们以内务大臣暨皇帝第十七兄弟（胤礼，1697—1738）的名义通知我们：以后无论有什么事情，

① 黄浚.《花随人圣盦摭忆》. 73页，上海书店出版社，1998.

② ［捷克］严嘉乐. 丛林，李梅，译.《中国来信》. 163页，注释第78条，大象出版社，2002.

也不再要进入宫内了……这个措施显然是由皇帝布置的，其目的就是要把一直允许出入的欧洲人驱除出宫廷。从那以后，除非陛下的特别恩准，如像希普和我那样的情况，没有欧洲人能获准进宫了”。①

据捷克传教士严嘉乐（1678—1735）1725年（雍正三年）11月20日在一封信中说：“去年（雍正二年），基督教各教派的传教士都被逐出京城。为执行这一决定，皇帝给了半年的期限。当这一期限经过许多磨难期满以后，不管是用永无休止的送礼还是通过别的途径，都已无法阻止许多省份的传教士被驱逐至广州。各省的总督们这样做，一方面是他们敌视基督教，另一方面是他们互相猜忌。这样，这些地方的基督堂被转为别的用途，也有的改作异教的庙堂。”②

雍正驱逐传教士，却与喇嘛、道士、和尚打得火热；他不学习科学却迷信仙丹，以求长生不老。中西文化交流断绝，汉语传播也随之停滞。从雍正开始，直到乾隆、嘉庆、道光，百余年间，关起门来做皇帝，以天朝自居，视别国为蛮夷，狂妄自大，招来灾难。

雍正即位不久，对罗马教皇派来的使者说：“朕乃中国皇帝。世界上大小国家都派遣使臣来朝觐。教皇派来之人也是小国使臣……他们虽是欧洲人，但也都是我的臣民。”③ 在一封给教皇的信中还有这样的话：“现已仙逝的先帝君临世界各国之时，普天

---

① ［意大利］马国贤．李天纲，译．《清廷十三年》．109页，上海古籍出版社，2004.

② ［捷克］严嘉乐．丛林，李梅，译．《中国来信》．43页，大象出版社，2002.

③ 同上书，49页．

之下，莫非王土。”[1] 康熙并非以“君临世界各国”的统治者自居，他与西洋人交朋友，“不分内外”，态度是友好的。雍正把各国友好往来说成是万方“朝觐”，这是清廷自取灭亡的重要原因之一。后来的乾隆、嘉庆都是这样办外交的。

1793年（乾隆五十八年），英国以祝贺乾隆83岁寿辰为名，派遣马戛尔尼（1737—1806）特使来华，洽谈商贸问题，而清朝政府以为他们是来向“天朝”“朝贡”的，把六百箱礼物说成是“贡品”，派往天津大沽口的迎客专船船旗上写着“英国贡使”。使团在热河行宫谒见皇帝，“是企图开始磋商，想达到推广商业的目的，这是东印度公司所迫切要求的。”[2] 而乾隆却表示“天朝物产丰盈，无所不有，原不藉外夷货物以通有无”。[3] “中国皇帝一开始就拒绝签订条约。自然这就是指拒绝同不列颠王室或同其他国家签订任何书面条约。”[4]

时隔23年，也就是嘉庆二十一年（1816），英国又一个使团又一次从朴次茅斯港起航，又一次远航中国，又一次想敲开清帝国的商贸大门，结果，又一次碰了个大钉子，情形比上次还惨。陪同阿美士德特使访问北京的传教士马礼逊当时给伦敦传教会写了一份报告，“对中国封建专制皇帝和半开化的宫廷”[5]，有如下记载：

---

① ［捷克］严嘉乐．丛林，李梅，译．《中国来信》. 51页，大象出版社，2002.

② ［英］爱尼斯·安德逊．费振东，译．《英国人眼中的大清王朝》. 122页，群言出版社，2002.

③ 乾隆五十八年给英王乔治三世上谕。［英］马戛尔尼．刘半农，译．《一七九三乾隆英使觐见记》. 149页，天津人民出版社，2006.

④ ［英］爱尼思·安德逊．费振东，译．《英国人眼中的大清王朝》. 125页，群言出版社，2002.

⑤ ［英］马礼逊夫人．顾长声，译．《马礼逊回忆录》. 125、126页，广西大学出版社，2004.

中国要求来向皇帝进贡的亲王等和我国使臣们，除了行使别的礼节外，都必须向中国皇帝行三跪九叩之礼，以表示对他的效忠……

英国特使阿美士德爵士对行此礼是否必须执行表示犹豫，这是理所当然的。

中国大臣最后假装让英国特使听便，在当天下午，即8月28日下午4点钟，催促英国使团（从通州）向北京城外的圆明园进发。我们整整走了一夜，次日黎明才赶到了圆明园，但是中国皇帝（又称天子）指定接见英国特使的时间早已过去。但中国大臣要英国特使立刻去觐见皇上。

但他经过一夜行程，过度疲劳已经不适，于是要求延到明天早晨去觐见。那个大臣于是进入殿内奏报皇帝，英国特使突患急病，连一步路也走不动了，今天无法觐见。皇帝……派御医来为英国特使诊治，御医确实来了，但他回宫如何向皇帝奏报不得而知，他不可能真实地奏告英国特使确实病重。而皇帝认为是上了当……嘉庆皇帝在盛怒之下随即降旨命英国特使和全体使团成员立刻遣返回英国，在当天执行。到同一天下午4点钟，英国使团离开了圆明园，又走了一夜路，在次日，即8月30日天刚亮时回到了通州。[1]

---

① ［英］马礼逊夫人．顾长声，译．《马礼逊回忆录》．124、125页，广西大学出版社，2004.

堂堂大清王朝，如此办理外交，如此对待一个不远万里而来的外国使团（按：该使团共72人），真是愚妄而又荒诞。“自是而英人对中国情感益恶。以后政策，除宣战，强迫使中国人改良通商情形外，或完全服从中国之苛政，或放弃与中国人通商。三者之中必择一途，而后两国始能平等磋商。积之多年，至道光二十年（1840）而鸦片之战起。”①

雍乾嘉三帝本来面临走向国际社会的大好时机，而他们全是国际盲，这个王朝已完全不合世界潮流。当我们严厉谴责英法联军1860年（咸丰十年）火烧圆明园的劫匪行径时，请不要忘记：圆明园里住的是些什么人！他们为什么不仅保卫不了自己的人民，保卫不了自己的国土，连自己的家园也守不住呢！这是些什么人！雍正、乾隆、嘉庆作孽，咸丰遭灾，其来有渐。

1918年，梁任公居北海团城时，当时还未成为汉奸的黄秋岳与之坐沁香亭中，谈论前朝故事，认为：

> 假使世宗不立，或竟为允禩辈所得者，允禟、允禩皆亲信欧洲人，当时传教之穆经远（即穆敬远）等，实为羽翼，允禟等皆通西文，能作书札。而世宗则亲信蒙古喇嘛，故雍正既胜，遂利用喇嘛之导辅，以次成乾隆拓边设藩之弘规。然而顽固迷信之累积，卒成故步自封，而极于庚子义和团诸役，遗毒至今不已。反之，假令允禟等得志，诸西洋传教士等响用，天主教固得早

---

① 张星烺.《欧化东渐史》. 15页，商务印书馆，2000.

盛，而以智识新锐，或易与西洋文化接近，在初期未必有奄有蒙藏之武功，其终也，或早肇海通之事势，甚或可使全国早成现代化。①

也许，允禵、允禟得位，中国的发展可能是另外一个局面。历史并未注定，中英之间一定要打一场鸦片战争，圆明园一定要被火烧。中国的统治者如果有彼得大帝（1672—1725）那样的世界眼光、发愤图强的精神，“现代化”早日降临中国，不是不可能的。俄国的彼得一世基本上与康熙同时，康熙三十六年，也就是公元1697年，彼得时年26岁，化名秘密出国，赴西欧考察科学文化。为了控制黑海和波罗的海，建造俄国舰队，他前往荷兰一造船厂当木工，又到英国学习数学和造船理论，学习航海技术。他在印章上刻着这样的一句话：

我是一个寻师问道的学生。

大清王朝的皇帝们有这种“寻师问道”的精神吗？他们能在“夷”人面前以“学生”自居吗？不仅乾隆、嘉庆之流不可一世，盲目自大，不知今世为何世，就是一般士大夫、读书人也对儒家所宣扬的“夷”“夏”之别奉为天条。

19世纪的郭嵩焘（1818—1891）出使英国期间，写了一本《使西纪程》，对西洋社会作了点客观介绍，招来大灾大祸。书中说：“西洋立国二千年，政教修明，具有本末，与辽金崛起一时，

① 黄浚.《花随人圣盦摭忆》. 198页，上海书店出版社，1998.

倏盛倏衰，情形绝异。其至中国，惟务通商而已。”①

“哎哟，可了不得！这部书传到北京，把满朝士大夫的公愤都激动起来了，人人唾骂，日日奏参，闹到奉旨毁板才算完事。”②

整个国家都不愿意向世界靠拢，视西洋为蛮夷之邦，汉语能自由自在地向世界传播吗？从马礼逊的记载中我们得知，当时的清廷是禁止汉语传播的。

马礼逊（1782—1834），与《毛诗传笺通释》的作者马瑞辰同年生，与王引之同年卒，比林则徐大三岁。1807 年 1 月 31 日从伦敦出发，途经美国纽约，于同年 9 月 8 日到达广州。

9 月 9 日在广州美国商行给伦敦传教会的司库写了一封长信，信中说：

> 查墨斯先生对我说，衷心地希望我获得成功。“但是，”他接着说，“欧洲人根本不知道要住在中国并请中国老师教授中文有多么大的困难。”于是他诉说了一般人都晓得的情况。中国人是被禁止对欧洲来此地的西洋人教授中文的，如被发现，是要判处死刑的。③

1807 年 11 月 4 日给伦敦传教会的信：

① 钱钟书.《郭嵩焘等使西六种》. 39 页，三联书店，1998.

② 梁启超语，转引自朱维铮《郭嵩焘等使西六种 · 导言》，27 页“注二五”.

③ ［英］马礼逊夫人. 顾长声，译.《马礼逊回忆录》. 38 页，广西师范大学出版社，2004.

我在这里仍被当作美国人，因我绝不可在公众场合暴露我的身份。

现在不仅是中国人禁止我这样的英国人住在广州，而且在澳门的葡萄牙人也不准我住在这里。①

1814年4月2日给伦敦传教会的信：

从此谕旨（按：嘉庆十六年禁教谕旨）颁布之日起，如有欧洲人在中国境内私印基督教书籍，差派传教士潜入中国引诱众百姓走入邪路；更有汉人和满人，如有受欧洲人指使宣扬洋教扰乱人心者，将受到以下刑罚：其为首者或主犯，立即斩首；其散播洋教制造骚乱者先予监禁，等待斩首；信奉洋教不愿改正从良者，将放逐至黑龙江；等等。②

1809年底给伦敦传教会的信：

我还不能指望可以进入中华帝国工作，要等到中国真的能开放有了很大的自由，但现在是无法达到的心愿。……对所有外国人的厌恶是支配中国人的首要特征。③

1813年11月13日日记：

① ［英］马礼逊夫人．顾长声，译．《马礼逊回忆录》．42页，广西师范大学出版社，2004.

② 同上书，79页．

③ 同上书，51页．

中国人见到我们时称我们是番鬼，他们认为我们很奇怪……我们在广州天天都遇到这种情况。[①]

1814年1月11日：

今天，我的中文老师高先生（按：高是一位年约45岁的塾师，是帮助马礼逊校正和润色《圣经》译文的重要助手。参阅81页）和他的儿子，不得不离开我家而逃亡。他们是由一位可以相信并依靠的人来通风报信的，说这里的巡警正在设法来逮捕他们。[②]

1814年4月17日给澳门东印度公司董事会主席艾芬斯通的信：

你必定清楚，中国政府是绝对禁止任何中国老师教授外国人中文的，而中国人，一部分是出于恐惧，一部分是他们自己的妒忌心，很少同外国人往来。

中国老师因为要冒生命危险才敢来教中文，来了之后他们不敢进出英国商行，所以，中国学生部必须供给中文老师的食宿，并要有合理的、特别的应变办法，必要时可以帮助中国老师逃脱，以能躲过中国官府的缉捕和杀头，不致有生命危险。[③]

---

① ［英］马礼逊夫人．顾长声，译．《马礼逊回忆录》．92页，广西师范大学出版社，2004．

② 同上书，94页．

③ 同上书，105、106页．

我不厌其烦地摘引马礼逊提供的清廷禁止汉语传播的资料，是因为在汉语传播史上，这类资料实在太重要了，而当时的中国人并没有类似的记载，顾长声先生将《马礼逊回忆录》译为中文，我们才知道教西洋人学汉语，原来“有生命危险”，要遭到“官府的缉捕和杀头”。当时的“官府”为何如此虚弱，如此不自信，如此自闭！18 世纪的中国已被西方纳入全球化体系之中，到了 19 世纪，全球化的大潮先是猛烈冲击中国国门，终至夺关而入淹没中国大地。全球化就是国与国竞争，语言与语言竞争。这种竞争，无法回避。只有顺应潮流，才有出路，才可获胜。清廷禁海、禁教、禁止语言传播、禁止文化碰撞，自绝于国际社会，闭眼不看国际社会，于是把中国推向灾难的深渊。

如何对待传教士，如何对待外国使团，如何对待商贸往来，如何对待西方的科学技术，如何对待跨文化交流，如何对待母语和外语，这都是摆在清王朝面前的新形势、新问题。康熙而后的国君，没有一个人能认清这种新形势，解决这种新问题，更不要说颟顸愚毒的西太后了。

2. 国门洞开时期（1840—1949）

从鸦片战争到中华人民共和国成立，又是百年。百年禁关，百年失关，两百多年过去了，中国还是一个半封建半殖民地国家。禁关与失关的分界线在鸦片战争，禁止汉语传播与汉语自由传播的分界线也在鸦片战争。即使没有鸦片问题，这场战争也不可避免。只要中国一日闭关，资本家和传教士就一日不会放弃破关而入的既定方针。他们公开叫嚣：

倘要我们希望同中国缔结一项条约，就必须在刺刀尖下命令它这样做，用大炮的口来增强辩论。[①]

美国传教士主张与英法合谋，用武力破关而入。

暂时穿上苏格兰短裙，用子弹说话，摧毁魔鬼撒旦的堡垒。

流血是必要的……否则中国人不会做出任何让步。异教道德使他们成为最自私、最残忍而又胆小如鼠的民族，因此，如果我们指望她服从理性的话，我们必须以武力作后盾……美国如果加入英法联军，美国可能会更加受到尊敬。[②]

这后一段引文是卫三畏的话。强盗有强盗的逻辑，而这种逻辑还真管用。久已守望在澳门、广州、马六甲、巴达维亚（即雅加达）的传教士们，积极参与了鸦片战争，他们以胜利者的姿态进入中国内地，汉语传播也从此翻开了新的一页。这新的一页并不是中国人自己主动翻开的，而是传教士们翻开的。西方人了解汉语，甚至研究汉语，对汉语传播发挥重要作用的是传教士。先有传教士的汉语研究，后有职业汉学家的汉语研究，至于中国人到国外传播汉语从事汉语教学或研究的人，为数极少。“1879 年（光绪五年）哈佛大学曾划出一笔资金用于资助一个中国学者

---

① 顾长声.《传教士与近代中国》. 34 页，上海人民出版社，2004.

② 王立新.《美国传教士与晚清中国现代化》. 67 页，天津人民出版社，1997.

（戈鲲化）在哈佛大学任教三年。”① 赵元任也在哈佛等校教过汉语，在汉语教材建设方面有重大贡献，老舍 1924 年至 1929 年在伦敦大学东方学院教过汉语，也编写了一套很有影响的教材。至于福建人黄嘉略（1679—1716）在法国传播汉语，那是康熙年间的事情。许明龙《黄嘉略与早期法国汉学》（中华书局，2004 年）有详细研究。下文还要谈到他。

从鸦片战争到现在，中国社会经历了两次大开放。1949 年以前是第一次大开放，20 世纪 70 年代末中国历史进入了一个新时期，实行第二次大开放。第一次大开放是人家夺关而入，完全是被动的，消极的；第二次大开放才是主动的，积极的。两次国门开放性质完全不同，这就决定了汉语传播人、传播方式、传播规模、传播条件、传播意识等完全不同。1949 年以前，以客体传播、个体传播、自发传播为主。所谓“客体”是指外国人，“个体”指个人行为，带有自发性，与政府无关。汉语作为主体，几乎还没有传播意识，当然也毫无竞争意识。所以我们称 1949 年以前的汉语传播为“客体传播”。传播人主要是西方传教士。起先是天主教传教士，紧接着就是基督教新教传教士。关于传教士与汉语传播的关系，下文还会谈到。

3. 西方封锁时期（1949—1966）

这是一个半开放半封闭的时期。世界分为两大阵营：以苏联为首的社会主义阵营，以美国为首的资本主义阵营。新中国实行“一边倒”外交政策，美国对中国实行封锁政策。这就决定了汉

① ［美］卫斐列．顾钧，江莉，译．《卫三畏生平及书信》．306 页，广西师范大学出版社，2004. 可参阅张宏生编《戈鲲化集》，江苏古籍出版社，2000.

语传播主要以苏联、东欧为对象，也决定了汉语传播与外事活动、意识形态、政治立场密切相关。留学生的培训、教师资格的审查、教材内容的取舍都以政治标准为第一位。也就是从此时开始，汉语传播由客体传播转为主体传播，由自发传播转为政府行为。政府有计划有组织全面掌管汉语传播问题，使汉语传播事业得到逐步发展。如果没有政府的扶持，没有政府的统筹规划，汉语传播作为一门学科，作为一项事业，不可能有今天这样繁荣的局面。从中华人民共和国成立之日起到1966年的17年中，汉语传播的主要成绩有以下几点：

A. 接纳外国留学生

1950年已有与东欧交换留学生的决定，1951年已正式接纳30多名东欧留学生。笔者1956年入北大中文系，各年级均有数量不等的留学生跟班听课。他们来自朝鲜、蒙古、越南、东德、捷克、保加利亚、匈牙利、波兰、苏联等国。班上有留学生辅导组，一个留学生有一至两个中国学生进行课外辅导，帮助他们解决课堂上留下来的疑难问题，加深互相之间的了解，增进友谊。这些留学生归国后，有的进了外事部门，有的进了研究机关，有的任教于高等学校。他们在各自不同的职场为传播汉语汉学做了很多工作。

B. 成立管理留学生的专门机构

在高等学校中最早接纳留学生的是清华大学，故该校于1950年7月成立了中国语文专修班。1952年这个班调整到北大，改名为北京大学外国留学生中国语文专修班。当时学生人数不多，所以叫“专修班”。随着我国与非洲国家友好关系的发展，非洲来华留学的人数已颇为可观。1960年北京外国语学院成立了非洲留学生办公室。[1] 当时凡是有培训留学生任务的高等学校，大体上都有相应的管理机构。上至高教部也设有专门领导留学生事务的专职机构。

C. 建立专门的教师队伍

外国留学生在进入本科学习之前，都要经过预备教育阶段，需要有专任教师从事这一工作。这类教师一般来自中文系，也有的是来自外语系。这批教师后来成为汉语传播的基础力量。

D. 编写供留学生使用的汉语教材

E. 派出教师到国外传播汉语

20 世纪 50 年代初，北大中文系就派出教师到匈牙利、保加利亚从事汉语教学。后来也派人到越南任教。资格审查（政审）极为严格，在当时几乎是一种奖赏和荣誉。

F. 培养出国任教的汉语师资

我毕业于 1961 年。我们班就选拔了两位同学到东语系再学三年阿拉伯语，准备毕业后派往阿拉伯地区从事汉语教学。中文加外语，这是理想的汉语传播人才。这一制度实行了若干年，后来“无疾而终”。

G. 建立北京语言学院

这所学校是由外国留学生高等预备学校改名而来，但其意义不只是名称的更换，它预示着中国要大踏步走向国际社会，汉语传播、对外文化交流将要进入一个新的历史阶段。

“预备学校”只是一个教学机构，一个管理机构。“学院”的

① 以上材料参阅吕必松《对外汉语教学发展概要》。刘珣 .《对外汉语教学概论》. 61—64 页，北京语言文化大学出版社，1997.

成立，除了教学、管理之外，更为重要的是学术研究。不仅要研究汉语本身，还要研究汉语与某一种外语的异同。语言对比研究并不是某一个从事汉语研究的人都可以做得到的，这是专门学问。语言学院的成立为这门学问的发展创造了有利条件，也为汉语教学科学化、学理化、专门化、制度化创造了有利条件。

不幸的是，这棵嫩芽刚破土而出，就遭遇厄运。要等到下一个阶段，时过境迁，才能发挥自己的特色，成为中国对外汉语教学第一重镇。

4. 改革开放时期（1978—　）

从 1978 年到现在，还不满 40 年，而汉语传播所开创的局面，所取得的成就是空前的，是史无前例的。

A. 一门崭新学科的崛起

1978 年 3 月 21 日到 24 日，北京地区 30 多个单位共 100 多人，举行了语言学科规划座谈会。会上提出："要把对外国人的汉语教学作为一个专门的学科来研究；应成立专门的研究机构，培养专门的人才。"[①] 1984 年 6 月 1 日在纪念《语言教学与研究》创刊五周年的座谈会上，王力先生有一个发言，中间谈道："对外汉语教学，我认为是一种学问，一种科学。"王力为该刊第三期（总第 21 期）的题字："对外汉语教学是一门科学。"以往总把对外汉语教学看作是单纯的教学活动，甚至当作政治任务来对待，认为其中没有什么学问，只要会说汉语就可以教外国人。现在"认为是一种学问，一种科学"，这不只是观念上理论认识上的飞跃，而是教学活动的重大转型，由单一教学型转变为教学与

① 《中国语文》1978 年第 1 期.

研究并重型。北京语言学院院刊取名为《语言教学与研究》，正是这种转型的最好概括。作为一门学科，它有自己独特的研究对象、研究方法、学科体系、学科历史。这门学科用于实践是两种语言互相接触，是两种观念、两种思维方式、两种风俗习惯、两种文化背景的互相比较。所以，作为一门学科，仅仅冠以“对外汉语教学”，并不贴切，也不理想。我以为这门学科可称为汉语传播学。这只是个人的一种认识，并没有否定原来名称的意思。

B. 教学和研究大丰收

20世纪八九十年代以来，语言学众多领域中哪门学科人气最旺发展最快呢？我的回答是对外汉语教学。全国许多高等学校都建立了对外汉语教学学院。名称很不一样，有的叫语言文化学院，有的叫海外教育学院……其实，可以统称为“汉语传播学院”。有了教学机构，就要有教师队伍。全国究竟有多少专门从事汉语传播的教师，我手头没有统计数字。但我知道，10余年来，北大汉语专业的硕士生（现在得是博士生）有相当多的人都在高等学校从事汉语传播工作。除了这支新起的人数众多的专业队伍以外，许多高校中文系还承办短期汉语学习班；还与许多国家签约，定期派出教员到该国教汉语，有的教口语，教基础知识，也有的教专业知识。

研究成果也相当可观。有汉语本体方面的研究，这类研究有很强的针对性，针对外国人学汉语中会碰到的语法问题、语音问题、词汇问题作专题探讨，也有双语对比研究，还有双语辞典的编写。近年来，对外汉语教学独立招收博士生，对于提高这门学科的学术质量、研究水平将起到促进作用。

据施光亨、赵永新《对外汉语教学是一门新型的学科》说："整个70年代末以前，公开发表的有关对外汉语教学的论文，就我们见到的来说，充其量不超10篇。"[①] 今昔对比，今大大胜于昔。

这门学科的前景会越来越宽广，越来越兴旺发达。

C. 汉语正全面参与国际语言竞争

汉语走向世界，前景看好，风头正健。严格算起来，也不过10余年时间，而条件的逐步成熟，却要从20世纪70年代说起。

1971年10月，第26届联合国大会恢复中华人民共和国在联合国的合法权利，并成为联合国5个常任理事国之一。同年11月，副外长乔冠华率代表团赴纽约出席该会。

1972年2月，美国总统尼克松访华，与毛泽东主席、周恩来总理会谈。中美两国政府在上海发表联合公报，世界格局从此发生重大变化，中国冲破西方封锁，国际地位日益提升。

1972年9月，中日建立外交关系。

1973年12月，第28届联合国大会一致通过汉语为该会和安理会的工作语言之一，汉语取得国际语言的资格。

1975年5月，中国与欧洲经济共同体建立正式关系。

1976年10月，"四人帮"被粉碎，宣告史无前例的"文化大革命"结束。

1977年，恢复高考。

1978年12月，中共十一届三中全会确定把全党工作重点转移到社会主义现代化的建设上。

---

① 刘珣.《对外汉语教学概论》. 53页，北京语言文化大学出版社，1997.

1979年1月，中美正式建交。

1981年6月，中共十一届六中全会决定：停止使用“以阶级斗争为纲”“无产阶级专政下继续革命”等口号，以经济建设为中心。

以上种种，均属于外部条件。而这些条件的任何一条，对于汉语走向世界来说，都有重大意义。

汉语参加国际语言竞争，它自身需要完善，也需要创造种种条件。20世纪50年代解决了普通话标准音问题，解决了拼音字母问题，这是参与竞争的必要条件。有了标准音，有了拼音字母，还要靠人来掌握。十年动乱，谁还来管标准音和拼音字母呢。1978年教育部及时发出《关于加强学校普通话和汉语拼音教学的通知》，为汉语走向世界创造了广泛的群众基础。语言竞争不是少数人的事，要靠全民努力。汉字本身问题也颇多，形、音、义都需要测查、测定、整理、规范。新时期以来，在这方面投入了许多人力、财力，做了很多工作。汉字与计算机的结合，与网络的结合，都是新问题，这些问题都得到初步解决，为语言竞争提供了保证。

20世纪80年代成立了多种相应的机构，如中国教育学会对外汉语教学研究会、国家对外汉语教学领导小组、世界汉语教学学会等，为汉语竞争，为汉语向世界传播（请注意：是“传播”，不是“推广”）提供了一定的组织保证。

外国人学汉语，也有考试问题，考试就得有标准，标准需要统一。北京语言学院的有关机构受教育部委托对此进行了长期研究，制定出汉语水平考试（HSK）标准。

据2004年4月17日《北京青年报》记者王丽文报道：

> 前天，教育部举办了《国际汉语教师中国志愿者计划》实施办法的新闻发布会。据介绍，目前在国外学习汉语的人数已超过2500万人，各国教师严重匮乏，许多国家纷纷向我国提出了派遣汉语教师的强烈要求。

2500万这个数字跟英语的受众面当然无法相提并论。但请注意：英语向世界传播已有好几百年的历史，而且往往是武力开道，殖民传播。汉语传播由消极传播转为积极传播，由客体传播转为主体传播，才不过几十年的历史，已经有这样好的势头，汉语成为国际语言，成为受世人欢迎的语言，应在情理之中。

三、传教士与汉语传播

传教士在语言传播中的功绩，威廉·冯·洪堡特（Wilhelm von Humboldt，1767—1835）在《论人类语言结构的差异》中已有公正评说："人们能了解到欧洲以外的那些语言，多亏了传教士们的努力；……他们让那些从美洲返回的传教士尽可能地把他们还记得的当地语言写下来，要知道，有些传教士在这方面拥有的知识是非常广泛的。通过这样的办法便产生了语法书、词语汇编和语言样品集。如果没有这些传教士的话，这些语言便丝毫不会为我们所知。"①

美国语言学家查尔斯·弗朗西斯·霍克特（Charles Francis

① 姚小平，译.《洪堡特语言哲学文集》.249、250页，湖南教育出版社，2001.

Hockett，1916—2000）也谈到传教士因为职业的需要，“不得不学习某种完全陌生的语言，这种语言没有现成的课本或词典可用，学习它不仅是为了处理日常事务，而且也是为了更好地传教和翻译圣经。”① 19 世纪初来华传教的马礼逊（Robert Morrison，1782—1834）就是这样一位传教士，澳门的马礼逊墓碑称其为“万世不朽之人”。碑文说：

> 当其于壮年来中国时，勤学力行，以致中华之语言文字，无不精通。迨学成之日，又以所得于己者作为华英字典等书，使后之习华文汉语者皆得借为津梁，力半功倍。②

马礼逊的中文启蒙老师，是一位由英商从广州派往伦敦学习英语的人，名叫容三德（译为杨三德）。马礼逊说：“是他初次给了我接触和领会中文的机会，我非常惦念他。”③

在马礼逊来华之前，“当时的英国，懂得中文的英国人只有一个，他名叫史当东，但他不住在英国。”［史当东（1781—1859）为澳门东印度公司广州分行译员］伦敦传教会董事会“指定马礼逊去中国特定的目标是掌握中国语言文字，要把圣经翻译

① ［美］查尔斯·弗朗西斯·霍克特．索振羽，叶蜚声，译．《现代语言学教程》（上）．1、2 页，北京大学出版社，1987.

② 转引自顾长声《从马礼逊到司徒雷登》，14 页，上海书店出版社，2005.

③ ［英］马礼逊夫人．顾长声，译．《马礼逊回忆录》．37 页，广西师范大学出版社，2004.

成中文，而传教不是首要任务”。[1] 马礼逊不辱使命，用16年时间独自编纂6巨册4595页的《英华字典》，“为中国历史上出版的第一部中英大字典”。[2] 马礼逊还编过一本《中文文法》。他的圣经中译工作被认为是一项“伟大工程”。1813年3月26日，史当东从英国致函马礼逊，高度评价了马礼逊的译经工作：

> 事实上，你是唯一具有各种条件，完全有资格做这项艰巨的翻译工作的人。我很难想象，有哪一个外国人能够像你那样掌握中文真正的精义和成语且有把握地运用，并且还是居住在中国的唯一的英国人，可以担任翻译圣经的重任。
>
> ……在欧洲大陆，也有研究中国文学的作家，但是他们没有一个敢于翻译任何一部中国的书籍。[3]

中文与圣经的结合，中文与英文的对照研究，其意义所在，我们的看法与传教士的看法不可能一样。他们看重的是基督教义的传播，我们今天所看重的是中文的传播。从中西两种文明对接的意义来看，与其赞扬马礼逊将自己的一生献给了宗教，不如赞扬他把自己的一生献给了中文。马礼逊25岁（1807年，嘉庆十二年）来到广州，52岁（1834年，道光十四年）卒于广州，一直苦学中文，研究中文，从事口译、笔译，积极促进中英文化交

---

① ［英］马礼逊夫人．顾长声，译．《马礼逊回忆录》．18页，广西师范大学出版社，2004.

② 同上书，312页．

③ 同上书，74页．

流，真说得上是鞠躬尽瘁，死而后已。

马礼逊冒着生命危险，筚路蓝缕，咬住中文不放，既有宗教原因，也有文化原因。宗教原因："要感化中国人和所有讲中国话的人皈依基督教。"① "我希望要欧洲人学习中文一直要学到中国完全皈依基督，不必再使用中文之后方能结束，也就是说，决不可停止学习中文。"② 文化原因似乎更重要。中文的魅力对马礼逊有很大的吸引力。聪明好学的马礼逊真正懂得中国语文在人类文明史上有极重要的地位。1818 年（嘉庆二十三年）12 月 9 日，他从广州写信给克罗尼牧师，要求欧洲的基督徒将目光转向中国的语言文字。他说：

> 我希望欧洲的基督徒学者们应该停止过度崇拜古希腊和古罗马了，因为他们的著作充满了傲慢、复仇和邪念。我希望他们转过来学习东方的语言和文字，把科学和基督教移注到他们的著作中。
>
> 中国的语言文字是活的，它是世界上最古老的语文之一，有三分之一的人类在使用它。但在英格兰和苏格兰所有的教派里和党派里，在宗教界和学术界里，对于中国的语言文字竟然完全茫然无知，这是何等的荒谬啊！是否应该有一部分人，抽出时间来学习中国语文呢？因为这是东方五个国家共同使用的文字，有数以万

---

① ［英］马礼逊夫人．顾长声，译．《马礼逊回忆录》．95 页，广西师范大学出版社，2004.

② 同上书，210 页．

计的原著都是用中文写的和出版的。[①]

在英语世界，马礼逊首先肯定了中文的价值，他对中文的态度是友好的，是真诚的。

1823 年，马礼逊在中国已经度过了 16 年，东印度公司批准他返回英国度假 2 年。他随身携带了上万册中文书籍准备赠送给英国图书馆。“希望这一大批书能吸引英国青年学习中国的语言文字。”[②]

1825 年 2 月 7 日，他写信给狄特律牧师，“建议在英国大学里设置中文讲座，教授英国学生学习中文。”理由有三：一是“英国基督徒慈善家需要学习中文”。二是“英国正在逐渐占领接近中华帝国的领土……为此，英国政府需要有懂得中文的人才。法国政府虽还未与中国有直接往来，却已经在巴黎设置了皇家中文讲座”。三是“在英国的知识界人士，如要懂得世界上最古老的文字之一，能阅读中国大量的自古及今的各种出版物，必定亟欲学习中文。在语言学里，如果将中文排除在外，就是不完整的”。[③]

理由之二已经显示，道光初年，英法已经磨刀霍霍指向中国了，而中国当局对外部世界还懵然无知，既不学习人家的语言，也不了解人家在干些什么。后来发生的种种丧权辱国灾难，当国者本身是有直接责任的。作为英国人，马礼逊当然站在自己政府一边。作为中文的传播者，他的精神是很感人的。

---

① ［英］马礼逊夫人．顾长声，译．《马礼逊回忆录》．143 页，广西师范大学出版社，2004.

② 同上书，231 页．

③ 同上书，240、241 页．

鉴于清王朝盲目排外，禁关禁教，马礼逊在中国境外选择马六甲为基地建立中国差会。希望“麻六甲将是东方的雅典”，将是“东方的耶路撒冷”。[①]

麻六甲即马六甲、满剌加，15 世纪郑和下西洋，曾以此作为境外大本营，当时已有许多中国商人来此经商定居。从 16 世纪开始，这个王国先后沦为葡萄牙、荷兰、英国的殖民地。马礼逊来华之前就计划，如果在广州“不能立足，我就留在麻六甲住下来。麻六甲有数千中国人，我可在那里继续学习中文”。[②] 后来身居广州，还是念念不忘马六甲。1812 年底给伦敦传教会的报告就表示，“希望能在麻六甲创办一所学校”，“设立一座印刷所”，“有一个亚洲差会的中心”。[③]

伦敦传教会接受了马礼逊的建议。在该会 1813 年年报中赞扬“马礼逊中文掌握的程度，可能在欧洲无人能超过他”。[④] 同时派遣米怜（William Milne，1785—1822）作为马礼逊的同工。米怜在澳门、广州住了一段时间，向马礼逊学习中文，于 1815 年到达马六甲，设立了恒河以东传教差会，办起了印刷所。中国印刷工人梁发（1789—1855）就在这里工作，他编写的《劝世良言》（1832）对洪秀全产生了很大的影响。在中国境内，“严禁任何中国人帮助洋人刻制或印刷中国文字”。[⑤] 1817 年（嘉庆二十二年）2 月 24 日，马礼逊从广州给沃夫牧师的信说：

---

① ［英］马礼逊夫人．顾长声，译．《马礼逊回忆录》．142 页，广西师范大学出版社，2004.

② 同上书，23 页．

③ 同上书，85 页．

④ 同上书，86 页．

⑤ 同上书，130 页．

> 目前中国政府正在反对这里的东印度公司的印刷所印刷我编纂的《华英字典》。两个礼拜前，中国官府派巡警冲入印刷所，抄走了正在印刷的、我写的《中英会话》和若干中文刻版，3 个中国印刷工人被抓走，我的老师兼助手高先生逃脱。[①]

马六甲印刷所的开办解决了这一危机，为马礼逊、米怜等人的中文著作提供公开出版的条件。米怜还于 1815 年（嘉庆二十年）创办一本中文月刊，名叫《察世俗每月统纪传》，（“统记传”是英文 Magazine 的对译词，当时还没有“杂志”“期刊”这类中文名词。可参阅黄时鉴《东西洋考每月统记传》影印本导言）这是第一本境外中文期刊，也是“世界上最早的第一份近代化中文报刊”。[②]

王韬在《论日报渐行于中土》一文中说：“华地之行日报而出之以华字者，则自西儒马礼逊始，所刻《东西洋每月统记传》是也，时在嘉庆末年。同时，麦君都思亦著《特选撮要月刊》，月印一册。然皆不久即废，后继之者久已无人。”[③]

按：王韬所记不确。马礼逊与米怜创办的是《察世俗每月统记传》，1822 年，因米怜谢世而停刊。伦敦传教会于 1822 年 12 月 13 日给马礼逊信，说：“本董事会已写信给麻六甲和巴达维亚的弟兄们，请他们准许麦都思先生离开原来的工作，到麻六甲去

---

① ［英］马礼逊夫人．顾长声，译．《马礼逊回忆录》. 130 页，广西师范大学出版社，2004.

② ［新加坡］卓南生．《中国近代报业发展史》. 增订版．1 页，中国社会科学出版社，2002.

③ 王韬．《弢园文录外编》. 171 页，上海书店出版社，2002.

负责印刷所的业务，如果他们认为这项安排合适的话。因为麦都思不但懂得中文，也懂得印刷技术和业务。”① 1823年7月麦都思在巴达维亚创办中文月刊《特选撮要每月纪传》，此乃《察世俗每月统记传》之续刊。至于《东西洋考每月统纪（记）传》乃郭实猎（腊）1833年8月创办于广州，下文还要谈到。

马礼逊建议在马六甲开办一所学校，也得到当地荷兰殖民政府及英军驻马六甲的法奎哈上校的积极支持。1818年11月11日在米怜主持下，英华书院举行奠基典礼，伦敦传教会董事会“任命马礼逊博士和米怜先生为麻六甲书院的主管人，任期各为三年”。这个学校“施行双轨教育制，既教授中文，也教授欧洲文字；一方面令欧籍学生学习中国语言文字；另一方面使恒河以东国家的学生学习英文和欧洲的文学和科学。所谓恒河以东的国家包括中国、交趾支那、东马来群岛的华人聚居区、琉球地区、高丽和日本”。②

英华书院是欧洲人在东方土地上创办的第一所与中文传播有直接关系的学校。“为急于打入中国的西方传教士和商人等提供了学习中国语言文学的场所与机会。直到1842年南京条约缔结为止，英华书院是培养欧美的中国通的唯一学校。在这所英华书院里，继米怜之后，涌现了许多精通中文的欧洲人士。”③ 马礼逊的次子马儒翰（1814—1843）就曾在英华书院学习汉语，马礼逊决心“要培养他成为一个汉学家”。④ 米怜去世后，马礼逊于1823

① ［英］马礼逊夫人．顾长声，译．《马礼逊回忆录》．201页，广西师范大学出版社，2004.

② 同上书，140页．

③ ［新加坡］卓南生．《中国近代报业发展史》．21页，中国社会科学出版社，2002.

④ ［英］马礼逊夫人．顾长声，译．《马礼逊回忆录》．179页，广西师范大学出版社，2004.

年2月4日到达马六甲。“立即担任了书院的牧师，帮助汉弗莱和科利两位老师学习中文。”[①] 并“任命汉弗莱和科利两位老师负责麻六甲英华书院和传教差会的工作”。[②] 据1825年至1826年在英华书院学习中文的美国人亨特（William C. Hunter，1813—1891）记载：他从新加坡前往马六甲，“英华书院的院长汉弗莱斯牧师（Rev. Humphreys）到船上来接我登岸。和汉弗莱斯牧师一起的还有科利牧师（Rev. Collie），他是中文教授，我逗留期间他就当我的老师。他的助手是一个广州的中国人，这个中国人能讲流利的中国官话。从广州出发之前，我曾被指令学习官话”。“……里面住着书院里众多的中国人和马来人的属员。中国人在这里当刻版工、写字匠或装订工、木匠和园丁；还有3个中文教师。”[③]

传教士因为要实现传教的目的，对学习中文都很刻苦也很见成效。米怜只学了一年多中文，就能自己办报。马礼逊在1822年的一封信中说：“米怜先生刻苦地学习这个伟大国家的语言文字所获得的成就是显著的。他的全部心灵都专注于他的工作。”[④] 汉弗莱和科利在1823年5月还需要马礼逊一天两次教授中文。[⑤] 没过两年，他们就能教别人学习中文了。在马礼逊的感召下，广州的一位英国青年决定停止鸦片走私，认识到“向中国走私鸦片是与基督福音里的道德观完全违背的……我岂能一手拿着生命之

① ［英］马礼逊夫人．顾长声，译．《马礼逊回忆录》．210页，广西师范大学出版社，2004.

② 同上书，213页．

③ ［美］亨特．沈正邦，译．《旧中国杂记》．262、263页，广东人民出版社，2000.

④ ［英］马礼逊夫人．顾长声，译．《马礼逊回忆录》．194页，广西师范大学出版社，2004.

⑤ 同上书，210页．

粮，另一只手拿着鸦片同时给中国人呢?”“在我留在广州期内，我要继续学习中文，因为我对中文的兴趣与日俱增，盼望有朝一日，为能在这个伟大的国家里，传扬基督教贡献我的力量。”① 马礼逊和这位英国青年都认为中国是一个“伟大国家”，对中文有浓厚兴趣。如果清王朝的对外政策正确，既反对走私鸦片，又能团结同情中国的友好力量，对传教采取妥善的策略，对外贸采取积极的互惠的态度，鸦片战争是完全可以避免的。

鸦片战争前后，还有一位新教传教士对中文传播影响甚大，这就是上文已提到的郭实猎（Karl Friedrich August Gutzlaff，或 Charles Gutzlaff，1803—1851），此人中文译名颇多。有郭实腊、郭甲利、居茨拉夫、古特拉富、郭士立。香港的“德忌笠街”（吉士笠街）就是为纪念他而命名的。此人于 1831 年来中国，说汉语，着唐装，认一郭姓华侨为义父，归宗福建同安的郭氏宗族。他的中国化是为了掩护传教活动和便于刺探军事情报。

郭士立 1827 年到达雅加达，后来又赴新加坡，在华人移民中传教，并向他们学习中文。据说他懂得 12 种语言，不仅会说汉语官话，还会说福建、潮州、广州、客家等方言。郭士立本是德国人，却一直与英商、英军、英美传教士紧密结合在一起，充当英国侵华势力的得力干将。1835 年任英国驻华商务监督的中文翻译。在第一次鸦片战争中，他甚至充当了英军占领定海、宁波、镇江、舟山等地的行政长官。他还与马儒翰一起参加了 1842 年 8 月《南京条约》的签订，并代表英政府全权代表璞鼎查（Sir

① ［英］马礼逊夫人．顾长声，译．《马礼逊回忆录》. 211、212 页，广西师范大学出版社，2004.

Henry Pottinger，1789—1856）与中方代表会谈。“值得注意的是，马儒翰是当时有关中英不平等条约的实际起草者，而同样是《东西洋考》编者的郭实猎却是该起草文的中文翻译者。后来的《南京条约》，仅仅只是在这些起草文的基础上增删一些字眼罢了。”①

郭士立因鸦片战争有功，1843 年任香港第一任总督。他的中文活动主要有以下四个方面：

A. 编写中文教材

1833 年出版《厦门话标志》、1842 年在巴达维亚出版《中文语法指南》（*Notice On Chinese Grammar*），“全书共 148 页，分两部分：第一部分谈论汉语的语音和语源，各以一章论述汉语的发音、字和词；第二部分又分为九章的内容，分别研究汉语的名词、形容词、代词、数词、动词、副词、介词、连词、助词和感叹词。为欧洲早期汉学发展奠定了基础。”②

1839 年（道光十九年）郭士立还在《中国传教呼声》（*China Mission Advocate*）创刊号发表《论中国的语言》（*Remarks On the Chinese Language*）。文中批评：

> 一些传教士不顾中国的语言体系，结果写出的作品“使用的字确实是汉字，但这些汉字以及措辞风格则是英语式的”。他还认为第一批《圣经》的翻译者的中文“杰作”也犯了这样的错误，其表达方式有很多缺陷，

① 里井彦七郎等《十九世纪中国仇教运动的一个侧面》（上），《东洋史研究》第 13 第 1 号，第 35 页。转引自卓南生《中国近代报业史》. 增订版 . 61 页，中国社会科学出版社，2002.

② 张琳《早期来华传教士的典型代表——郭士立》. 见雷雨田《近代来粤传教士评传》，146 页，百家出版社，2004.

> 模糊不清，不符合中国人语言习惯和思维方式。“这些作品尽管对刚到中国的传教士来说显得通俗易懂，但中国人却难明其义，就像盎格鲁裔美国人看不懂用拉丁文的形式和结构写的英语书一样。”“欧洲学者的一个重大缺点在于，他们总是给中文披上西方的外衣……谈论什么单数、复数，现在、过去和将来时态，好像天朝的人研究过亚里士多德和昆体良（盈按：昆体良 Quintilian，又译为昆提利安，古罗马修辞学家、教师）一样”，“而正确的方法应该是向他们（中国人）和他们的文化学习，用他们语言来表达我们的思想……同时还要学习大量的成语，因为这些中文成语有一个突出的、优雅的特征。”①

今天重读郭士立的这些批评很有意思。“欧洲学者的一个重大缺点”被中国某些学者学来了，中国的某些语法学家不也“总是给中文披上西方的外衣”吗！郭士立当年的愿望是要“用他们的（中国的）语言来表达我们的（西方的）思想”，现在变成了“用我们的语言来表达他们的思想”，西化的严重后果就是：我们将丢失自己的思想。所谓中文失语症，也就是中文西化症。

B. 担任中文教学

鸦片战争是英商的胜利，也是传教士的胜利。传教士们或许不赞成走私鸦片，却赞成用武力打进中国的大门。从马礼逊开始，他们就在南洋、在澳门“等待中国”，窥伺中国。中国，才

---

① 引自张琳《近代来粤传教士评传·早期来华传教士的典型代表——郭士立》，144、145页，百家出版社，2004.

是他们在东方的最后目的地。鸦片战争后，中国国门大开，传教自由了，西方不断派来新的传教士，向他们传播中文的任务就落在早期来华传教士的肩上了。郭士立也承担了这一任务。在香港，他向新来的传教士讲授汉语官话，还分别教授广州、潮州、客家等方言，为传教士到方言区布道、建立教区，创造语言交流的条件。

C. 坚决反对“夷”这个称谓

从春秋时代到清王朝，“夷”这个词一直是对华夏之外的异族一种贬称。清王朝对英国人称之为“英夷”，第一次鸦片战争的有关文献中称之为“逆夷”。林则徐 1839 年 3 月 18 日发布的《谕各国商人呈缴烟土稿》中的第一句话就是“谕各国夷人知悉”。1861 年冯桂芬撰《校邠庐抗议》，其中“善驭夷议”篇第一句话是：“今国家以夷务为第一要政。”称俄、美、法等国为“诸夷”。中国人第一个反对称外国人为“夷”的大概是王韬。王韬的《弢园文录外编》有一篇《华夷辨》。文章说：“知世有内华外夷之说，人遂谓中国为华，而中国以外统谓之夷，此大谬不然者也……《春秋》之法，诸侯用夷礼则夷之，夷狄之进于中国者则中国之。然则华夷之辨，其不在地之内外，而系于礼之有无也明矣。苟有礼也，夷可进为华；苟无礼也，华则变为夷。岂可沾沾自大，厚己以薄人哉！”夷夏之别既非种族问题，也非国别问题，而是文化问题。在中国本土以“地之内外”别夷夏已不当，将西洋人统统贬称为“夷”则更是外交上的大失误。西方传教士最早反对这一不礼貌称谓的应是郭士立。

1832 年 2 月，澳门英国东印度公司高级职员林赛化名胡夏米，与郭士立（化名郭甲利）乘阿美士德号船向中国沿海进发，搜集海域情报。4 月 4 日，船至厦门海面，福建水师陈化成写信令该船离开，信中还附有嘉庆二十二年（1817）关于对待夷人的上谕。郭士立辩解：他们不是“夷人”，是来自有着高度文明的大英帝国的商人。[①]

1833年，郭士立在广州创办中文月刊《东西洋考每月统记传》，6月郭写了一份《创刊计划书》，向在华洋人介绍其办刊宗旨。其中明确反对称洋人为“蛮夷”。

> 当文明几乎在地球各处取得迅速进步并超越无知与谬误之时……唯独中国人却一如既往，依然故我。虽然我们与他们长久交往，他们仍自称为天下诸民族之首尊，并视所有其他民族为“蛮夷”。如此妄自尊大严重影响到广州的外国居民的利益，以及他们与中国人的交往……
>
> 我们确实不是“蛮夷”，编者偏向于用展示事实的手法，使中国人相信，他们仍有许多东西要学。[②]

道光癸巳年（1833）8月出版的《东西洋考每月统记传》上有一篇《论》，又反对“夷人”的称谓：“夫蛮狄羌夷之名等，指残虐性情之民……夫远客知礼行义，何可称之夷人，比较之与禽兽，待之如外夷？呜呼，远其错乎！何其谬论者欤！凡待人必须和颜悦色，不得暴怒骄奢。怀柔远客，是贵国民人之规矩。是以莫若称之‘远客’或‘西洋’‘西方’或‘外国的人’，或以各

① 雷雨田.《近代来粤传教士评传》.122页，百家出版社，2004.

② 转引自黄时鉴《东西洋考每月统记传》影印本导言，12页。又见陈玉申《晚清报业史》，8页，山东画报出版社，2003.

国之名，一毫也不差。”[1] 尽管句子有欠通顺，但他讲的道理是值得清政府认真对待的。

1834年，郭士立以“爱汉者”之名编写传道书《正道之论》，不赞同“夷人”的称谓。

> 有人曰：外国的人者，为夷矣。
>
> 答曰：称外国民“夷人”，呜呼！远哉，其错矣！人知礼识义，何以混名呼之夷人？据圣人之教：四海之内，皆兄弟也……不论中国之人、外国之民皆出祖宗一个身，岂可不如兄弟相疼爱。兄与兄应言友，弟与弟应言恭，则雍睦昭四海。及结疏远，惟叫作远客“夷人”，分明是绝交，背圣人之道矣。[2]

称远客为“夷人”，招致西方人士的极端反感。既“背圣人之道”，又等于与“远客”绝交，何等严重！而清王朝丝毫未认识到问题的严重性。

20多年后，不得不以外交条约的形式来解决。1858年6月26日（咸丰八年五月十六日）的《中英天津条约》第51款云：

> 嗣后各式公文，无论京外，内叙大英国官民，自不得提书“夷”字。

① 《东西洋考每月统记传》. 23页，道光癸巳八月，中华书局，1997.

② 雷雨田.《近代来粤传教士评传》. 143页，百家出版社，2004.

《天津条约》无疑是一个弱肉强食的条约，是中国人永远不应忘记的耻辱。而这第51款的规定，也说明清王朝面对汹涌而来的全球化大潮，还在严守“夷”“夏”之别，这是何等落后而愚妄。张元济先生（1867—1959）联系清初因“夷”字而兴的种种文字狱，深表感慨：

> 庄氏史案（盈按：指清顺治年间庄廷铣《明史钞略》一案），为有清一代文字大狱，……以意度之，其书必丑诋清室无所不至……其涉及清室，并无讪谤语，仅偶见“建夷”及“夷氛”“夷寇”等字，不意竟触震怒，酿成惨狱……乃曾几何时，敌国外患相逼而来，当日之不许他人“夷”己者，而人亦不许以“夷”字相加，江宁条约，著为专条（盈按：查《南京条约》并无此内容），而侵陵之甚，竟因是亡其国。循环倚伏，终无已时，岂不可哀耶！①

清廷很怕这个“夷”字，因“夷”字而兴文字狱，乃历史错误。视洋人为“夷人”，则是时代错误。直到那个世纪的70年代，夷夏之辨的文化心态仍然顽固地盘踞于统治集团之中。郭嵩焘一再感叹，这种落后的观念、称谓已到了祸国殃民的地步：

> 南宋以来，边患日深，而言边事者峭急褊迫，至无以自容。不独汉唐以上规模不一讨论，直举国势之强

① 转引自文载道《风土小记》，123页，辽宁教育出版社，1998.

弱，事机之得失，皆无足关其意。唯一意矜张，以攘夷狄为义，而置君父于不顾。必使覆国亡家以自快其议论而为名高，数百年竟无有能省悟者，则宋儒之乐持虚论而不务求实际，有以阶之厉也，铲除此等议论，而后人心风俗可几于古。①

光绪三年（1877）十一月二十在伦敦，郭嵩焘只能通过日记写出内心的痛苦：

西洋之局，非复金元之旧矣。而相与祖述南宋诸儒之议论以劫持朝廷，流极败坏，至于今日而犹不悟。鄙心实独憾之，不惜犯一时之大忌，侃侃焉谋举国计边防之大要正告之天下，外以服强邻之心，内以尊朝廷而安百姓，而举国无知者。乃至被京师一时之诬毁，使此心无所控诉。②

从19世纪30年代初郭士立对“夷人”之说提出非议到郭嵩焘反对盲目“攘夷狄”，将近半个世纪，清王朝统治集团并没有真正清醒地睁眼看世界。于是，20多年之后，又有“扶清灭洋”的愚妄之举，招致1900年的八国联军，使举国上下遭受更大的灾难。遗憾的是，这一历史教训至今仍然没有认真总结。“攘夷狄”的变种是狭隘的民族主义，民族主义与民族意识有本质上的不同。

D. 创办中文月刊《东西洋考每月统记传》

---

① 郭嵩焘.《使西纪程》. 见《郭嵩焘等使西记六种》，33、34页，三联书店，1998.

② 《郭嵩焘等使西记六种》. 145页，三联书店，1998.

我们还回到郭士立的中文活动这个题目上来，在鸦片战争之前的道光十三年（1833），郭士立在广州创办了中国境内第一本中文月刊。它的英文名称为 Eastern Western Monthly Magazine。这套月刊的合订本，经过黄时鉴先生的整理，已于 1997 年 6 月由中华书局影印出版。黄先生为影印本写了一个长篇“导言”，对我们阅读、利用此刊大有帮助。

已往对《东西洋考》的介绍只见于中国报刊发展史之类的著作，从未有人从语言学的立场、从中文接受与传播的视角对其价值进行评说。其实，它对道光年间的汉语研究，对近代汉语的研究以及对西方传教士的汉语水平的研究都有很高的价值。

郭士立无疑是个语言天才，从《东西洋考》的文章来看，他对中文的接受很全面也很深入。首先是经过系统的古典训练，对四书五经，对古代历史著作，对诸子百家能顺手引用。他的某些文章简直是掉书袋，通篇都是经典引文。他甚至从基督教灵魂升天的立场批判范缜的神灭论。他也很喜欢李白、苏轼的作品，他自己也能写几句古诗。写的文言书信，时俗文字，不仅套话用得很熟练，而且颇为典雅，颇有文采。当然，个别句子不通，文白夹杂，用词不确的谬误都是有的。但你一想到，这是一个外国人的文笔时，你不仅能谅解其谬误，而且会佩服他的中文知识这么深广，对中国古今的了解远比三家村的学究甚至比某些举人进士之流都要高明得多。刊中的《东西史记和合》，为“麦都思于 1829 年在巴达维亚出版的小册子”（卓南生《中国近代报业发展史》，51 页），《东西洋考》分期连载，东方（指中国）从盘古开天地讲起，对历朝历代的帝王一一介绍，一直讲到明末。上栏讲东方，下栏讲西方，所以说“和合”。这类史料都是抄来的，但剪裁之功，贯通之功，都能显示麦都思历史知识的博通。偶然也会出点常识性错误，如把南北朝的刘宋写成“北宋”，这就有点不可以理解了。

其次，作者对汉字音的掌握也令我吃惊。《东西洋考》并未谈到汉语语音问题，也没有像马礼逊等人那样设计拼音方案，但作者在文章中常常运用圈点法注音。这个传统由来已久，张守节《史记正义·发字例》云：“字或数音，观义点发，皆依平上去入。”“点发”的方式就是在字角加一半圆圈。平声加在左下角，上声加在左上角，去声加在右上角，入声加在右下角。同一个字往往声调不同，意义有别，故应“点发”。《东西洋考》点发的字颇有研究价值。现举例如下：

43 页：长　左上角加半圆，读上声。

49 页：好德恶恶　第一个“恶”字右上角加半圆，读去声。

87 页：好　右上角加半圆，读去声。

112 页：夫　左下角加半圆，读平声。

186 页：宰相　“相”字右上角加半圆，读去声。

186 页：停当　“当”字右上角加半圆，读去声。

186 页：国家复兴，又 392 页：雍正五年，复开洋禁，又年复一年。这三个“复”字，均在右上角加半圆。盈按：“复”字在《集韵》中有三个读音。①宥韵：又也。扶富切。②屋韵：重也。方六切。③屋韵又音：往来也。房六切。这三个音在现代汉语中合而为一，读去声。而在广州话中“复”字还保存入声两读，有阴入（意为“回去”“重复”），阳入（意为“还原”“使回归”）两读。这三个点发的“复”字用的阳入，阳入为什么在右上角加半圆呢？因为广州话有九个声调，阳入与阳去的调值均为 22。“复”字两读应不是当时官话的读音，而是取的广州话。

我认为作者取广州音，还有一个例子："易"。《东西洋考》"易"有加圈、不加圈两读。如301页："恐易涉于嫌疑"，311页："岁月易逝"，都在右上角点发，读去声。《广韵·寘韵》："易，难易也。"又入声昔韵："易，变易。"广州话至今保存此两读。

又如"衣"字，也有两读。314页："衣其皮""许子衣褐"，均在右上角点发。在读书音和广州话中"衣"有阴平、阴去两读。名词读阴平，动词读阴去。这种区分也来自中古音。《广韵·微韵》："衣，于希切。""上曰衣。"未韵："衣，衣着。于既切。"

《东西洋考》有不少新词新义，在这里不能详论，应有专题研究。周振鹤先生的《逸言殊语》中有一篇《〈东西洋考每月统纪传〉在创制汉语新词方面的作用》，可参阅。

《东西洋考》的读者不只是中国人，也有在华的外国人和中国境外的外国人，它的传播范围颇广。这份月刊在中文传播史上的地位很值得关注。

与英华书院有关的另外两位伦敦传教会的传教士对汉语传播很有业绩的是麦都思、理雅各。他们在中国的处境与马礼逊大不一样，表现也各异。1840年至1842年的鸦片战争，帝国主义的大炮终于轰开了中国的大门，什么"海禁""禁教"都彻底完蛋，传教士的宗教热情终于得以大释放，汉语传播也有了新的进展。

麦都思（Walter Henry Medurst，1796—1857）于1817年（时年20岁）抵马六甲，在这里学会了中文，无论是传教还是印刷出版，都是米怜的得力助手。1820年赴巴达维亚传教，同时开办印刷所，创办中文月刊《特选撮要每月纪传》，刊物的右上角有一条孔子语录："子曰亦各言其志也已矣。"刊物序文是他的手笔，从中可见其汉语水平：

夫从前到现今，已有七年，在吗啦呷曾印一本书出来，大有益于世，因多论各样道理，惜哉作文者一位老先生，仁爱之人，已过世了，故不复得印其书也。此书名叫《察世俗每月统纪传》……弟要成老兄之德业，继修其功，而作文印书，亦欲利及后世也。又欲使人有所感发其善心，而遏去其欲也。弟如今继续此察世俗书，则易其书之名，且叫作《特选撮要每月纪传》。此书名虽改，而理仍旧矣。①

麦都思在广州也创办过中文月刊，名《各国消息》，始于1838年10月，不久即停刊。据伟烈亚力记载，麦都思的中文著作及译著达59种之多。②

鸦片战争后，1843年年底麦都思被派来上海传教。他将巴达维亚印刷所迁至上海，创立墨海书馆，以活字版机器印书。1847年伦敦会传教士伟烈亚力（Alexander Wylie，1815—1887）来书馆工作，后来成为麦都思的继任者。

墨海书馆是编译机构，又是出版发行机构。出版物以宗教读物为主，同时也出版了一定数量的科技书籍。这些出版物对清末思想界、学术界有很强烈的冲击作用，对汉语新词语的创造、产生也有重要贡献。

麦都思等传教士的中文活动，其条件大大优于马礼逊、米怜

① ［新加坡］卓南生.《中国近代报业发展史》. 增订版 . 38 页，中国社会科学出版社，2002.

② 同上书，39 页 .

等人。马礼逊找不到优秀的中文合作者，容三德、梁发、蔡兴等根本不是学术中人，教教口语、认认汉字，尚可称职，至于传统文化的修养，文言文的写作技巧，对西方世界的理解，大概都是门外汉。而传教士的中文目标是要将西学译成中文，或者将中文译成西文。当时的中西互译与现在不同，没有任何基础可言。一名之立，一义之定，都要自铸新词，光靠传教士，显然难以臻于完善。传教士作为文化使者，具有双重身份。既是西学传播的主体，又是中文传播的对象。作为中文传播对象，像麦都思这样具有深厚中文基础的人，有谁能指导他们并与他们合作呢？麦都思身居上海，他要招聘第一流的中文合作者，还是办得到的。墨海书馆的成功，这批中文合作者出力甚多，而合作者本人也成了19世纪中文传播的重要历史人物。如王韬（1828—1897）、李善兰（1810—1882）、蒋敦复（1808—1867），自称为“海天三友”，人称为“海上三异民”。他们都为墨海书馆的翻译工作、中文传播工作做出过自己的贡献。为什么时人目之为“异民”呢？19世纪中期的中国已面临现代化的滚滚大潮，而绝大多数士大夫对此种变化毫无认识。他们还是以读经、应试、做官为人生正途。这时候有人与“洋鬼子”合作译书，背离“人生正途”，岂非大异而特异？那时的学术标兵，老一辈的有阮元、陈奂、朱骏声，晚一辈的有陈澧、俞樾、王闿运等，像王韬这样的“异民”是谈不上有什么学术地位的，这当然是传统偏见。

其实，按今天的学术分工来界定，王韬等人的学术身份就是对外汉语教学专家，他们教的是高级翻译课，他们是中国近代史上第一批中文传播人才。王韬于1849年（道光二十九年）进馆，他在《弢园老民自传》中说：“老民欲窥其象纬舆图诸学，遂往适馆授书焉，顾荏苒至一十有三年，则非其志也。”① 王韬在书馆工作了13年，主要是与麦都思合作翻译《圣经》。李善兰是清末著名数学家，1852年入馆，与伟烈亚力合译数学及科技书籍。如欧几里得的《几何原本》，徐光启与利玛窦只译出前六卷，后九卷则为李善兰、伟烈亚力合译。梁启超说：“19世纪欧洲科学之输入，自壬叔（李善兰字）始也。”② 蒋敦复（字剑人）与李壬叔一样，“并负才名”，均与王韬“为莫逆交”。蒋于19世纪50年代经王韬介绍入墨海书馆，与慕维廉合译《大英国志》为中文。

王韬因为涉及私通太平天国一案，受到清王朝的追捕。他躲进上海英国领事馆，1862年10月逃到香港，从此开始了与理雅各的合作。

理雅各（James Legge，1815—1897）亦为伦敦会传教士，1839年派往马六甲，任英华书院院长，1843年该院迁至香港，继续执掌该院。1873年调回英国，主讲牛津大学汉学讲座，为该讲座首任教授。王韬与理雅各的合作也于此年结束。此后，王氏在香港办报，成为近代史上一名杰出新闻工作者、政论家。

王韬与理雅各合作的主要内容是将中国经书译成英文，这是极为艰巨极有意义的工作。由于两位一流学者的长期合作，终于在东学西传的历史上创下了不朽的业绩。王韬对理雅各的学术眼光学术水平有很好的评价。王韬认为：慕维廉、裨治文、艾约瑟、伟烈亚力、合信、玛高温、丁韪良等人也能“竞美一时”，“然此特通西学于中国，而未及以中国经籍之精微通于西国也。

① 王韬.《弢园文录外编》. 269页，上海书店出版社，2002.

② 梁启超.《中国近三百年学术史》. 423页，东方出版社，1996.

先生（指理雅各）独不惮其难，注全力于十三经，贯串考核，讨流溯源，别具见解，不随凡俗。其言经也，不主一家，不专一说，博采旁涉，务极其通，大抵取材于孔郑而折中于程朱，于汉宋之学两无偏袒，译有《四子书》《尚书》两种。书出，西儒见之，咸叹其详明该洽，奉为南针……呜呼！经学至今日几将绝灭矣……而先生独以西国儒宗，抗心媚古，俯首以就铅椠之役，其志欲于群经悉有译述，以广其嘉惠后学之心，可不谓难欤”。[①]

据美国学者柯文说：“他（指理雅各）翻译的《中国经典》第一卷出版已逾百年，尽管有种种不足和生硬之处，理雅各的译本至今仍为世界各地的汉学家视为标准本。”[②]

柯文还认为：“自 1849 年后就与王韬打交道的传教士们均非等闲之辈 ，完全可以把他们概括为新教在华传教团体的学术精英……他们（可能慕维廉除外）与其他大量普通传教士的关键不同点，在于其真诚地崇慕中国文明，并认为它是值得认真研究的对象。”[③] 柯文说的这一点很重要，中文传播不只是出于外贸通商宗教传播的需要，更重要的是中国文明有它自身的特点、魅力，以致新教徒中的学术精英愿意为之献出毕生的精力。

伟烈亚力也是这样的学术精英。伟烈氏经理雅各的推荐，1847 年受伦敦传教会的派遣来上海墨海书馆协助麦都思从事印刷出版工作。在伦敦时他就因个人兴趣，自学汉语，自编英汉词典。理雅各在伦敦发现他后，又进一步帮他提高汉语能力，来墨

① 王韬.《弢园文录外编》. 181、182 页，上海书店出版社，2002.

② ［美］柯文. 雷颐，罗检秋，译.《在传统与现代性之间》. 57 页，江苏人民出版社，1998.

③ 同上书，61 页.

海书馆担任印刷工作的同时，继续学习汉语。同时，他还学了满语、蒙语、维吾尔语、法语、俄语、德语、梵语、希腊语等，他是当之无愧的语言大家。①

伟烈亚力的中文藏书极其丰富，“以中国书为至宝。西藏佛碑、回教经轴、满文诸集、五典三坟，无不具备。”② 他的中文知识面，就是现在一般的专家学者也难与为匹。他是数学家，而“如六经、诸子、三通等书，吾人皆喜泛览涉猎，而获其益”。③ 他曾将五经全文译为英文（未正式出版）。1867 年，也就是来华第 20 年，他出版了一部百科性的力作《中国文献解题》（又译为《中国文献记略》）。这部丰碑式的伟著奠定了他在欧洲汉学史上的崇高地位。《解题》按《四库全书》的分类原则，介绍了 2000 余种中国著作。有人说：“至今未有替代性读物。”④ 有人说：“迄今仍是研究中国文献最好的英文入门书。”⑤ 伟烈亚力在李善兰的帮助下，对中国古代数学进行了深入研究，对中国古代数学的辉煌成就有高度评价。当他的《中国科学札记：数学》公开发表后，在欧洲学术界引起了极大的震动。艾约瑟在《伟烈亚力汉学研究之价值》中说：

伟烈的研究成果弥足珍贵地证明了：中国人的天赋与欧洲人的是一样的，他们完全有能力在与欧洲有天赋的年

① 参阅汪晓勤《中西科学交流的功臣——伟烈亚力》.5 页，科学出版社，2000.

② 同上书，6 页 .

③ 同上 .

④ ［美］柯文 . 雷颐，等，译 .《在传统与现代性之间》. 61 页，江苏人民出版社，1998.

⑤ 李约瑟语。转引自汪晓勤《中西科学交流的功臣——伟烈亚力》，120 页，科学出版社，2000.

轻人争夺最高数学奖时成为优胜者。[①]

发表《札记》的英文周报《北华捷报》，数年后发表了署名“z”的西方作者的撰文说：

“西方学者习惯于嘲笑中国人的哲学，许多在中国事务上享有盛名的人都全然不知道他们的数学知识。但最近的研究却消除了这一错觉，并证明：他们的哲学无论就其本身来说，还是从历史的角度看，都值得作最为深刻的研究；他们的数学比有文字记载的任何国家的数学都要早。一位未署名的作者若干年前在本报撰文证明了后一点。”[②]

下面我们要谈到的这位英国伦敦会传教士叫艾约瑟（Rev. Joseph Edkins，1823—1905），语言学界的人士对这个名字应该是很熟的，只要一谈到古汉语复辅音声母问题，就会提到艾约瑟（又译为埃德金斯·约瑟夫）。他在1876年发表的《汉字研究》（*Introduction to the Study of the Chinese Characters*）中，根据来母与其他声纽的结合关系，第一次提出了古有复辅音声母的假设。艾约瑟1848年来华，与王韬、李善兰在墨海书馆共事，并与李善兰合译英国物理学家胡威立（即威廉·惠威尔）的《初等力学》，即1859年出版的《重学》，此书为第一本力学译著，影响深远。19世纪60年代艾约瑟先后在天津、北京传教，80年代起受赫德的聘请，任中国海关译员，1905年卒于上海，在中国长达57年之久，他虽然算不上专业的语言学家，可对汉语的研究，对

① 转引自汪晓勤《中西科学交流的功臣——伟烈亚力》，30页，科学出版社，2000.

② 同上书，31页.

汉语的传播，对外国人如何学习汉语的研究，颇有贡献。他的《汉语口语教程》（1862）、《汉语官话口语语法》（1864）、《上海土话文法》（1868）、《上海方言词汇》（1869），都可以看作是19世纪60年代的对外汉语教学的教材，在当时自有其实用价值。今天，无论是从对外汉语教学发展的历史而言，还是从汉语研究史和方言研究史而言，艾约瑟的著作都值得深入研究。随着对外汉语教学的大发展，将来会有人深入其中揭示这类资料在语音发展史、词汇发展史、语法发展史以及语言接触史、汉语传播史等多方面的价值和意义。①

19世纪由教会派遣来华的英国人中，以毕生精力从事中文活动且全心全意为中国服务的，还有一位著名人物就是傅兰雅（John Fryer，1839—1928）。他的中文活动主要内容有二：一是在上海江南机器制造总局翻译馆担任翻译，从1868年至1896年，长达28年之久，译书百余种；二是从1896年至1913年应聘为加州大学伯克利校区的东方语言文学教授，讲授中国语言文字，传播中国文化知识。1928年在加州去世。

傅兰雅对中国的态度一直是友好的。他把翻译科技书籍当作天职，是顺从天意：

> 西人常居局内，专理译书……终朝一事，难禁闷懑之怀。然而多年敏慎，风雨无虚者，何也？盖以为吾人于此分所当耳。况上帝之意，必以此法裨益中国，安可

① 关于艾约瑟的情况，可参阅张西平等编著《西方人早期汉语学习史调查》（上），中国大百科全书出版社，2003.

任意因循，违乎天耶！是故朝斯夕斯，忍耐自甘，所以顺天心耳。[①]

他所说的“此法”，即西方的科学技术如数理化农医及机械工程等。1896年，傅兰雅已经57岁了，为什么“要离开这个长期以来我以之为家，为了她的启蒙我为之不懈工作的国家”[②] 呢？这里固然有家庭问题，他的妻子是美国人，他们愿意在美国安家定居，但这位智者已预见到中美关系的前景，愿为中美文化交流作贡献。1895年（光绪二十一年）中日甲午战争结束，于是年签订《马关条约》。“在中国上层阶级中，开始出现一股强烈的追求西方知识的潮流。他们通过自己的民族在战争中的惨败，逐渐认识到他们对现代科学和工艺浑然无知。”[③] 这年5月22日，傅兰雅给加州大学校长凯洛格写了一封长信。信中谈到，为了“追求西方知识的潮流”的出现，他“苦苦等待了多年”。[④] 他预言：“中国要实现完全的教育需要经过三个阶段。第一，是将西方的书籍翻译成中文；第二，派遣大量的中国人到美国和欧洲留学；第三，在中国政府的控制下，利用学成回国的人才在全国建立各种学校和大学。当然，这样一来，中国语言和文献会逐渐衰退，我多年的劳动也会随之显得相对无用了。但这一厄运似乎是不可避免的，只有最适者才能生存。虽然这可能需要几代人才能实现，但是这一天迟早必然会到来的，英语将会成为这个帝国的学术语言。”

---

① ［英］傅兰雅.《江南制造总局翻译西书事略》. 转引自王扬宗《傅兰雅与近代中国的科学启蒙》，49、50页，科学出版社，2000.

② 王扬宗.《傅兰雅与近代中国的科学启蒙》. 113页，科学出版社，2000.

③ 同上.

④ 同上.

“然而，只要他们还存在，中国语言和文献就还会具有极大的重要性，对美国人民来说尤其如此。如果我没有弄错的话，我想，不需要很长的时间，美国同中国的关系将发展到极具重要性。”

“如果到美国生活的道路对我打开的话，我希望能为促进中国人到美国的大学来接受教育做出自己的努力。”①

从1895年到现在，一百多年过去了，不仅中国教育制度的发展完全证实了“三阶段”的说法，中英文地位的变化，中外语言的接触也基本上为傅兰雅所言中。“中国文献逐渐衰退”，这是事实。现在中国的专家学者对古典文献的熟悉程度不仅比不上清儒，甚至比某些传教士也差得很远。至于中国的“学术语言”，虽然还没有英语化，但英语在中国学术中的地位已显得相当突出。到现在为止，“中国人到美国和欧洲留学”还处在热潮中，中国的大学还在拼命追赶欧美大学。伯克利的中文传播，傅兰雅开了个好头。正如傅兰雅所言：“中国语言和文献还会具有极大的重要性，对美国人民来说尤其如此。”无论是合作伙伴也好，是竞争对手也好，美国不能没有中国，世界不能没有中国，中文的“极大重要性”的理由就在于此。傅兰雅的确是一个有眼光有良知的优秀人物。1915年黄炎培赴旧金山参加万国博览会，曾拜见傅兰雅。傅氏说：

> 我几十年生活，全靠中国人民养我，我必须想一办法来报答他们。②

---

① 转引自王扬宗《傅兰雅与近代中国的科学启蒙》，113、114页，科学出版社，2000.

② 黄炎培.《八十年来》.转引自马树德《中外文化交流史》，276页，北京语言文化大学出版社，2000.

他是这样说的，也是这样做的。他捐银6万两在上海创立盲童学校，在伯克利传播中国文化，都是“报答”。

19世纪来华的英国人中，威妥玛（Thomas Francis Wade，1818—1895）对中文传播，成就也相当突出。他为北京官话制定了一套拉丁化拼音体系，为外国人学习汉语、译写汉语提供了比较科学的工具，影响达百余年之久，威妥玛在华40余年（1840—1883），主要从事外交工作，为英帝国主义侵华服务，对汉语，对中国文化和社会都有相当深入的研究，1883年回国后，1888年受聘为剑桥大学首任汉语教授。在英国名校有组织有计划正式传播中文，威妥玛首开其端。

19世纪末，还有一位相当活跃为中西文化结合献出毕生精力的传教士，名叫李提摩太（Timothy Richard，1845—1919）。他于1870年由英国来华，1915年回英，在华有45年之久。他精通汉语，对中国社会的上上下下、历史与现状，有相当深入的了解，也能跟大小官吏及普通民众交流沟通。张星烺说：“自明末有西洋传道师以来，功业之伟，未有如李提摩太者也。”[①] 李提摩太的全球化意识很明显。主张中西各国交往，首先要互通语言文字，“当今之世，宜合万国之学以为学”。“于今万国既有往来，则彼此之情理应互达。其中如有一国，止知本国之事，不知外国之事；止读本国之书，不读外国之书，则交涉往来，遂不得不受亏损，此必然之理也。”“故言合者，天道也。言分者，非天道也。上天仁爱，欲永免乎战争，必将使中外一家，一合而不再分也，决矣。”“故今

① 张星烺.《欧化东渐史》. 38页，商务印书馆，2000.

日万国大通，天之道也。仍欲闭关绝市者，逆天者也。”[①]

中日甲午战争后，他对中国并未丧失信心。中国只要改革开放，实行“新政策”，“不及二十载，中国之大富大强，蒸蒸然日兴，隆隆然日上，巍然焕然，为四海万邦一首国，有非今日之意料所能及者，功同操券，而效可刻期，薄通内外五大洲中，当必有冠世通才能印证吾言之不谬者。”[②] 以“二十载”为期，他对中国革新的艰巨性估计太低了，对清王朝的治国能力估计太高了。且如何看待传教士，如何看待传教士在中西文化交流中的作用，当时大多数中国人的态度很难说是正确的。为此，李提摩太一再表白：“教士之来中国，非奉本国帝王命令，乃以其乐善不倦之故。”[③] 他们的“乐善不倦”，主要表现为文化交流。既有“西学东渐”，也有“东学西渐”。

> 盖讲西国事之书大半系教士所著，如上海翻译局、北京同文馆所译之算学、格致、万国公法、富国策等书，均十有八九系教士所为。又将中国十三经及史鉴子书等皆翻成西文，亦十有八九系教士所译也。[④]

李提摩太所言极是。要补充的是，所有传教士译书，无论是中译西还是西译中，都有中国译员相助。如李善兰、王韬、沈毓

---

① ［英］李提摩太．《新政策（并序）》．见朱维铮主编《万国公报文选》，357、358、362页，三联书店，1998.

② 同上书，357、358页.

③ 同上书，125页.

④ 同上书，121页.

桂、蔡尔康等，都长期与西方教士合作，为那个时代的中文传播创造了特有的形式，并为译者提供了质量上的保证。

那时的“译书之法，必将所欲译者，两人先熟览胸中，而书理已明，则与华士同译。乃以西书之义，逐句读成华语，华士以笔述之。若有难言处，则与华士斟酌何法可明，若华士有不明指出，则讲明之，译后，华士将初稿改正润色，令合于中国文法”。[①] 傅兰雅说的译法具有普遍性，李提摩太也不例外。他在《泰西新史揽要·译本序》中说：“来沪上，忝主广学会事，所著新书诸译本，类多出其（指蔡尔康）手笔。既得此书，余述其意，蔡君运以词。”[②] 理雅各说，因为要发给王韬20元月薪，“有时为节省开支不想再用他了。但有时则非他不可，尤其是迻译诗序，他的价值更为明显。只有第一流的本地学者才对我有价值，而在此我找不到任何人能与之比肩。”[③] 传教士们在翻译活动中之所以离不开“第一流的本地学者”，是因为汉语中的言与文脱节，那时候通行的是文言，传教士即使口语过了关，要读懂文言且用文言译书，谈何容易！

19世纪下半期的西方来华新教传教士，主要来自英美两国。英国教士领先，其学术成就也大，对汉语的研究也较为深透，成果也多。美国来华教士也有优秀人才，但整体而言，学术水平似不如英国教士。他们又不得不听命于美政府，结果多由教士一变而为外交官。1858年美驻华公使列卫廉给国务院的报告说：

---

① ［英］傅兰雅.《译书事略》. 转引自王扬宗《傅兰雅与近代中国科学的启蒙》，33页，科学出版社，2000.

② 《万国公报文选》. 561页，三联书店，1998.

③ ［美］柯文. 雷颐，罗检秋，译.《在传统与现代性之间》. 59页，江苏人民出版社，1998.

在这里我应该向在华从事传教工作的我国传教士表示敬意……我认为，传教士们在中国的工作和研究直接关系到了我们在华的利益。如果没有他们担任翻译，我们的各项工作都无法进行；如果没有他们的帮助，我在这里既不能读，也不能写，无法与中国人信函往来，更无法与中国人谈判。总之，如果没有他们，我根本无法开展工作。他们为我们解决了很多困难。1844 年顾盛先生（盈按：顾以美国特使及全权公使身份于 1844 年抵澳门，于同年 7 月在澳门望厦村签订了中美第一个不平等条约《望厦条约》，即《中美五口贸易章程》。裨治文任顾的译员及使团秘书，后受到美政府嘉奖）在中国的时候，为他做翻译和帮助他的都是传教士；1853 年马沙利先生（美国公使，驻节上海）和 1854 年麦莲先生（美驻华公使，曾带裨治文访问太平天国的首都天京）在中国任职时，为他们担任翻译的也都是传教士。我们这次在中国工作期间，裨治文博士给了我们莫大的帮助……我还要感谢来自印第安纳州的长老会传教士丁韪良先生。他懂中国北方话，为我做口译工作。在中国经商的美国人中，没有一个人能读写中文。汉语口语和书面语不统一，掌握了口语只能算是掌握了汉语的一部分，但用来下达紧急指令和进行日常交谈是足够了。传教士们学会了说汉语，也教会了中国人说英语。[1]

---

① ［美］卫斐列. 顾钧，江莉，译.《卫三畏生平及书信》. 178、179 页，广西师范大学出版社，2004.

列卫廉提到的裨治文（Elijah Coleman Bridgeman，1801—1861）是美国首批来华传教士。与雅裨理（David Abeel）一起于1830年2月来到广州，受到马礼逊的欢迎。马礼逊说："我正在尽我所能教这两位美国传教士学习中文。"[①] 他还为裨治文另外"聘请了一位中文老师"。[②] 从3月开始，"1830年所有的时间，裨治文都用来学习语言，还学习广州及其邻近地区的方言。"[③] 据说："裨治文先生也天生就具有超凡的智力和过目不忘的记忆力，这些先天的素质与后天的大学正规教育相得益彰。在马礼逊和他那部伟大字典的帮助下，凭借自己的热情和用功，裨治文在三年之内很好地掌握了中文。"[④] 卫三畏以印刷工的身份于1833年10月来到广州，做裨治文的助手。

卫三畏（Suamel Wells Williams，1812—1884）来华之后也和马礼逊当年一样，遭遇到学习中文的难关。他说：

> 在那些日子里最大的困难是找不到合适的人教我们中文。我找到了一位文化教养颇为深厚的老师，为了防止被人告发，他采取了特别的预防措施：每次来时总是带着一只外国女人的鞋并将它放在桌子上，这样如果一旦有他害怕或不认识的人进来，他就可以假装自己是一个给外国人做鞋的中国师傅。他这样做了好几个月，直到后来确信

---

① ［美］卫斐列．顾钧，江莉，译．《卫三畏生平及书信》．269页，广西师范大学出版社，2004.

② 同上．

③ 雷雨田．《近代来粤传教士评传》．228页，百家出版社，2004.

④ ［美］卫斐列．顾钧，江莉，译．《卫三畏生平及书信》．21、22页，广西师范大学出版社，2004.

> 自己的害怕是没有根据的才停止。马礼逊博士的一位老师常常带着毒药，这样如果一旦发现有人向官府告发，他就可以自杀以免受折磨，——因为当时这样的指控对一个中国人来说是最严重和最危险的。
>
> 广州政府多年以来有效地阻挠了外国人的中文学习。那些可怜的人确实非常害怕与我们有一点点关系。为了避免被加上帮助我们学习中文的罪名，我记得经常有一些中国人明明听懂了我对他们说的中文，却坚持用英文来回答我。①

卫三畏工作的印刷所，有葡萄牙人、中国人，由于语言不通，"刚来时只能主要用手势跟他们交流"，后来开始用夹杂葡语、中文和广东英语的句子交流。"所谓广东英语就是葡语、中文和英语的混合。"②

卫三畏以顽强的毅力学习汉语，并亲手编写了供外国人学习中文的教科书。"他在1841年春天开始印刷一部八开本300页的《拾级大成》（Easy Lessons in Chinese）。该书力图起到一部语法书的作用，就像人们学习欧洲语言时所使用的那种，以便帮助这门困难语言的学习者。……1842年面世的《拾级大成》配有简单实用的练习和行间的译文。它出版的时机十分恰当——当时中国的开放使外国人急需中文教科书。"③

---

① ［美］卫斐列．顾钧，江莉，译．《卫三畏生平及书信》．120页，广西师范大学出版社，2004.

② 同上书，26页．

③ 同上书，65页．

1842年为道光二十二年，第一次鸦片战争于是年结束，中英《南京条约》于8月29日签订，中美《望厦条约》要两年以后才签订。卫三畏就非常敏感地注意到："外国人急需中文教科书"，而麻木不仁的满清王朝丝毫未意识到：中国人更急需英文教科书。10余年后，发生了第二次鸦片战争，中国方面还是没有英语人才（这时容闳早已回国，但报国无门），1858年签订的《中英天津条约》竟然有这样的条款：

> 嗣后英国文书俱用英文字写，暂时仍以汉文配送，俟中国选派学生学习英文、英语熟悉，即不用配送汉文。自今以后，凡有文词辩论之处，总以英文作为正义。此次定约，汉英文字详细较对无讹，亦照此例。

俄、美、英、法四个《天津条约》的签订，传教士们由于懂得中文，起了很大的作用。丁韪良、卫三畏都直接参与条约的制订，充当了帝国主义侵华的工具。

卫三畏在《拾级大成》出版之后，"1843年动手编写并于1844年1月出版《英华韵府历阶》（Ying Hwa Yun-fu Lih-kiai），这是一本'官话的英汉字典'。他编写这部字典是为了进一步实现《拾级大成》的目标，方便外国人在新开放的港口与当地人交流。"① 卫三畏在书中一再表述的一个观点是："造成中国人和外

① ［美］卫斐列．顾钧，江莉，译．《卫三畏生平及书信》．65页，广西师范大学出版社，2004．按：《中国总论》已由陈俱翻译，2005年上海古籍出版社出版．

国人之间互相憎恶和摩擦的原因是他们无法理解对方的语言和愿望。”[①] 这个观点当然不完全正确。中国人之所以“憎恶”“外国人”，原因只有一个，是“外国人”总欺负中国人。对中国人友好的外国人，中国人怎么会“憎恶”呢！可语言不通，的的确确造成了互相之间“无法理解”。中国满清王朝当时毫无国际意识，不准人家学自己的语言，自己也不学习人家的语言，甚至歧视通晓外语的人。如此封闭，如此落后，又怎能不受欺负呢！

卫三畏为了“打消人们对中国的嘲弄和偏见”，“用真实的叙述还中国一个公道”，出版了一本《中国总论》（*The Middle Kingdom*），这本书奠定了他的“中国通”地位，给他“带来了莫大的快乐。经诺特博士提议，1845 年夏天，联合学院（Union College）授予了卫三畏法学博士的荣誉学位。获得这一荣誉头衔在当时并不容易，因此受到了人们的极大关注”。[②]

西方人要真正掌握汉语，在当时的条件下困难很大。卫三畏在来华将近 20 年时，在一封信中还谈道：

> “我还在搜集整理广东话的词汇，编纂广东话词典，希望再用一年时间就能完成。编词典是一件很有趣的工作。我知道自己在这方面功力不足，对这种语言所知甚少。要想弄明白汉语词典中那些奇怪汉字的意思，真是难而又难。由于我们和中国人在风俗习惯、思维方式、知识结构上有很多不同，对很多汉语词汇的理解都会有

---

① ［美］卫斐列．顾钧，江莉，译．《卫三畏生平及书信》．65 页，广西师范大学出版社，2004.

② 同上书，90、91 页．

偏差。这使得汉语词典的编纂工作相当繁难，而且总是不尽如人意。汉语是一种古老的语言，可追溯到巴别塔时代，文献资料也是浩瀚如烟海。我有时想，如果汉语像希伯来语一样，或者中国索性像印度和非洲那样没有遗留下古代的文献，那我的工作一定会容易得多。”①

这段话很有意思，它记载了19世纪的美国传教士如何看待汉语，中英对译时为什么“难而又难”。有一个著名的例子，如何把“God”和“Spirit”译为汉语，在传教士中引起了持久的争论（同上引，94页），卫三畏也参加了这一争论，写了一篇名为《关于god和spirit的中文译名之争》的文章（1878年发表）。“卫三畏和大多数美国传教士都主张将‘god’译为‘神’，将‘spirit’译为‘灵’。”② 1850年7月20日，卫三畏《致W. F. 威廉牧师》信中说：

“God”一词究竟如何翻译还没有定论，但事实上在最后下定论之前，我们必须有一个可用的术语。60个在华传教士当中，赞成用“上帝”的有16个。不过不巧的是，在我们这里的四个人当中，正好是两人赞成用“上帝”，两人赞成用“神”。在这一问题上的分歧造成了一些传教士之间的疏远和冷淡，影响了正常工作。非常巧的是，赞成用“上帝”的英国人都属于伦敦传道

① 卫三畏1852年4月22日于广州致詹姆斯·达纳教授。见［美］卫斐列．顾钧，江莉，译．《卫三畏生平及书信》，104、105页，广西师范大学出版社，2004.

② 同上书，95页．

会，而赞成用“神”的美国人则都是美部会的成员。[1]

丁韪良1850年4月一抵达香港，就感受了God译名之争。他说：“有一天早上一位招牌油漆工爬上了理雅各博士的教堂大门，小心翼翼地抹去了门楣上原来写着的一句话。因为理雅各博士发现自己犯了个错误，把英文中的God译成了‘真神’，而不是‘上帝’！在沉寂了两个世纪以后，‘措辞的争端’又呈现出重新爆发的迹象。在罗马天主教传教使团来到中国的初期，曾经为这一争端而闹得不可开交。耶稣会士们主张采用‘上帝’这个名称，多明我会士们则指责前者搞偶像崇拜；于是教皇下令，让传教士放弃‘上帝’的说法，而沿用中国古书中的‘天主’一说。这个称呼曾被用来指战国时期（公元前240年）人们所供奉的八神之一（盈按：《史记·封禅书》：始皇遂东游海上，行礼祠名山大川及八神。……八神：一曰天主，祠天齐。二曰地主，三曰兵主……）但是由于该典故鲜为人知，所以‘天主’实际上被视为一个新造的词语。新教的传教士们并未受到教皇这一决定的制约，他们在翻译圣经时又重新提出了上述老问题。有人认为教皇封杀‘上帝’的称谓是个错误，有人则坚持使用‘天主’的说法，另外还有人宁愿采用‘神’或‘真神’等字眼。”[2]

God就有“天主”“上帝”“神”三种译法，而“God”的原意与中文的这三个概念都不一样。严格来说，“天主”“上帝”都是新词新义。对此，卫三畏也有明确的认识，他说：“如果有人试

---

① ［美］卫斐列．顾钧，江莉，译．《卫三畏生平及书信》．101页，广西师范大学出版社，2004.

② ［美］丁韪良．沈弘，等，译．《花甲记忆》．15页，广西师范大学出版社，2004.

图调和基督的教义和孔子的教义，或者试图展示祭天的礼仪可以被新教徒采纳，那么他将犯下重大的错误，我们的新酒不能和那些旧瓶子盛装的东西掺杂在一起——无论智者们如何对这种行为辩护。"[①] 显然，他不赞同用"上帝"或"天主"来对译 God。

卫三畏在华整整 43 年（1833—1876），差不多有一半时间担任外交官。他在澳门工作时还学会了日语，所以佩里将军邀请他随军远征日本，充当翻译。他"长期担任美国使馆秘书、翻译，九次代理公使的职务"。[②] 在外国传教士中，他是元老，享有很高的声誉。1876 年回美之前，上海同仁给他一封信，信中说："作为字典编纂者与校订者，您的工作让我们以及所有学习中国历史与语言的人长久受惠于您广博而准确的知识，受惠于您慷慨赠送过程中的努力与苦心。"[③]

这些话高度赞扬了卫三畏在中文传播方面的杰出贡献。这种语言传播工作本应是由中国人自己来承担的，但那时清王朝的统治者却视语言传播为罪恶，荒唐不荒唐！

1877 年（光绪三年），耶鲁学院的全体教师决定设立中文教授席位，"古老的中华民族及其语言在耶鲁得到承认"。[④] 同时，耶鲁学院授予了卫三畏名誉文学硕士学位，卫三畏被学院董事会聘为耶鲁第一任中文教授。

1881 年，70 岁的卫三畏与任教哈佛大学的中国学者戈鲲化互

---

① ［美］卫斐列．顾钧，江莉，译．《卫三畏生平及书信》．295 页，广西师范大学出版社，2004.

② 同上书，285 页．

③ 同上．

④ 同上书，290 页．

相拜访。戈在信中说："您的大著《汉英韵府》对我的翻译帮助很大。"①

美国传教士在中国生活时间最长的要算丁韪良（William Alexander Parsons Martin，1827—1916）。他 90 岁的生命，有 60 多年是在中国度过的。1850 年丁来华时，卫三畏已来华 17 年，是当时赫赫有名的传教士、外交官和汉学家。丁后来在回忆中认为卫三畏尽管"在为政府服务时功勋卓著，但他作为一名作者贡献却更大。撇开他不太重要的出版物不提，光是他的《中国总论》就是有关中国的一个信息宝库，而且不太可能在近期被替代"。②对那本《汉英韵府》（即《汉英字典》）则既肯定"具有很多的优点"，也指出要"全面修订，否则很难期望它会具有永久性"。③

丁韪良能如此评价《汉英韵府》，说明他也是一位具有批评能力的"中国通"。可他学习汉语的历程也非常不容易。

当年的传教士学习汉语比现在外国人学习汉语难度要大得多。除了老师、教材这两难之外，他们要学的汉语既无注音符号，也无拼音方案，这还是次要的，最主要的困难是内容。他们要学的汉语有三方面的内容：某种方言，官话，文言。

丁韪良来华不久，即被派往宁波。第一件事就是学宁波方言。后来他"很快就发现，当地的方言对于这一社交圈子显得有点不太合适，所以我就开始说官话，后者不仅是宫廷和官场上的语言，而且

① ［美］卫斐列．顾钧，江莉，译．《卫三畏生平及书信》．307 页，广西师范大学出版社，2004．1881 年戈氏作诗一首，题为《赠耶而华文掌教前驻中国使臣卫廉士（三畏）》，此诗收入《戈鲲化集》267 页．

② ［美］丁韪良．沈弘，等，译．《花甲忆记》．10 页，广西师范大学出版社，2000．

③ 同上．

也是各地区人民之间进行交流和沟通的共同语言。学习官话并不困难，因为宁波话跟它十分接近”①。困难的是文言文。他说：

“学说宁波话，就像学说任何一种汉语方言那样，跟阅读文言文和古文相比，简直就像是一桩轻而易举的事。正如麦都思博士（Dr. Medhurst）所说，文言诉诸眼睛，而不是耳朵，它不该被称作 Language，而是 Occulage。它的五六千常用词都是由一个与众不同的字符来表示的。这些字符之间的关系具有很大的任意性和不明确性，以致任何分类法都是不完整的。于是学习文言文便成了死记硬背的过程。汉字起初就像古埃及文一样，是象形文字；但很快就进入了一个表音的阶段，虽然它后来停留在一个字形发展受到抑止的状态下，就连一个字母表都没有。”②

丁氏说的“宁波话”，当然是指口语；“文言文”是指书面语，当时的书面语一般是用文言写成的。所谓“与众不同的字符”的这个“众”是指西方各国的拼音文字。丁韪良的语言天赋很高，学了 6 个月汉语，就可以“试着用汉语来布道”。来华 3 个月之内，“就开始用功地研究文言文”。③“在头五年中就读完了作为中国文学基础的九部主要著作”，并“开始用文言或古文来进行写作”④。这九部著作是：《尚书》《易经》《诗经》《春秋·

① ［美］丁韪良．沈弘，等，译．《花甲忆记》．39 页，广西师范大学出版社，2000.
② 同上书，31 页．
③ 同上．
④ 同上．

左传》《周礼》《论语》《大学》《中庸》《孟子》。也就是说，十三经中的精华部分四书五经他都读完了。丁韪良后来能成为京师同文馆、京师大学堂的总教习，与这种经学训练有一定关系。由于文化背景不同，西方人对中国经典的理解难免不掺杂西方人的文化观念。丁韪良讲了这么一个例子：

> 婪，欲望或贪婪；表现为一个站在两棵树下的女人。
>
> 按照耶稣会士们的解释，“禁”和“婪”这两个汉字的来源都可以追溯到圣经中的伊甸园。[①]

伊甸园时代的语言，即亚当和夏娃用的语言，也就是建造巴别塔时语言之乱以前的语言。传教士认为中国人未参与建造巴别塔，所以保留了伊甸园时代的古老语言。这个观点当然不可信，这是要把中国的历史、文化、语言也纳入圣经系统之中。丁也未必相信这种说法，故说“按照耶稣会士们”云云。

上面谈到的传教士都属于英美基督教新教徒（其中威妥玛非传教士，因为他对中文传播很有成绩，故一并涉及），至于早期来华的耶稣会士，他们对汉语传播的贡献成绩虽不如马礼逊等，但法国的马若瑟神父是值得一谈的。

马若瑟（Prémare Joseph Henry-marie de，1666—1736），名龙周，字若瑟，笔名温谷子。1698 年启程来华，10 月抵澳门，1699 年赴江西，1714 年（康熙五十三年）进北京，1724 年（雍正二

① ［美］丁韪良．沈弘，等，译．《花甲忆记》．34 页，广西师范大学出版社，2004.

年）被逐至广州，1733 年（雍正十一年）被再逐至澳门，1736 年 9 月 17 日于澳门去世。

马若瑟在华近 40 年，主要精力用于研究中国的语言文字。其代表作为 Notitia Linguae Sinicae，有人译为《中国语言志略》，或译为《汉语概述》《中国语文札记》，通常用的译名为《汉语札记》。这是一部供外国人学习汉语用的语法教材。这部书大概有一个不断完善的过程。早在 1719 年（康熙五十八年，此时马若瑟来华已 20 年）8 月 22 日，捷克传教士严嘉乐（1678—1735）从北京寄给捷克托马什·马透什的信中就高度评价了此书的实际意义。

> 严嘉乐还说，中文的方块字数目多得不得了（据说字的数目与词的数目一样多），使外国人学习中文十分困难。但耶稣会士编了一本中文语法书，这样，新来的欧洲人就可以在四年内学会中文，做到词能达意。[①]

对“中文语法书”有一条详细的注文，颇为重要，现摘录于下：

> 耶稣会士编的中文语法书《中国语言志略》的作者是严嘉乐的同龄人马若瑟。这位汉学家、法国传教士 1666 年 7 月 17 日生于谢尔堡（另有人称生于哈乌尔·德·格拉斯）。1683 年加入耶稣会，1698 年与白晋等一起启程赴中国。马若瑟在传教士中以精通中文和中国文

① ［捷克］严嘉乐．丛林，李海，译．《中国来信》．38、39 页，大象出版社，2002.

> 学闻名。他写这本语法的指导思想在他的那个时代是颇有创见的。他认为学中文不应按照拉丁的语法来学，而应按照实际的语言实践来学。这本书的手稿马若瑟在1728年寄给巴黎的一位汉学家什杰潘·符尔蒙（1683—1745）。但此人无意出版这一著作。因为他正准备出版自己写的两本汉语语法著作（其实水平不高）。马若瑟……的语法书在一位法国汉学家雷穆萨（1788—1832）的帮助下于1831年才在马拉卡出版，1893年在香港重版。[①]

注文的汉译有几个名字要解释一下。“符尔蒙”通常译为“傅尔蒙”，“雷穆萨”也译为“雷慕沙”，“马拉卡”应为“马六甲”。傅尔蒙是法兰西学院院士，马若瑟从广州将5卷本手稿寄给他，当然是请他帮助出版。直到雷慕沙发现此书稿，抄录出来，并在自己的著作中评价此书的成就，才引起人们的关注。据班立华在《明清传教士与欧洲汉学》一书中的介绍：

> 近代中国新教传教事业的开创者，英国人马礼逊（Robert Morrisson，1782—1834）获得一位英国贵族的资助（盈按：据载，出资人为金斯博鲁 Kingsborougu），决定在马六甲的英华书院出版《汉语札记》。当时还是雷慕沙的学生的儒莲（Stanislas Julien）为生计谋，给马礼

① ［捷克］严嘉乐．丛林，李海，译．《中国来信》．162、163页，大象出版社，2002.

逊抄录了手稿（根据雷慕沙的抄本）。1831 年这部著作终于在马六甲出版了。该书随即获得许多人的推荐。马若瑟也由此确立了他在汉学史上应享有的地位。[1]

《札记》从脱稿到正式出版问世经历了 100 多年，它真正为世人所知，真正发挥作用时，马若瑟已谢世 90 多年。我不知道这部手稿为何被马礼逊获知。1824 年，马礼逊由华回英述职时，曾由伦敦赴法国访问，在此期间，他访问了法国亚洲学会，会见了一些法国汉学家，当时的儒莲（1799—1873）只有 25 岁，给马礼逊抄《杂记》手稿可能就在此时，这纯属我个人的推断。

《汉语札记》全书共分绪说、一、二、三编等四个部分。第三编已失传。[2]

第一编研究白话语法，第二编研究文言语法。书中资料非常丰富，马若瑟对中国文献和口语的研究功底很广很深。书中对文体、修辞、文章的形式和内容之间的关系也很有研究。他很推崇扬雄在《法言・吾子》中的观点："事胜辞则伉，辞胜事则赋，事辞称则经。"书中还附有汉语音节总表，共有 1445 个音节。在理论上，马若瑟也懂得中西语法不一样。他说："事实上，如果我试图用我们的语法形式套中文，那简直是犯傻。""我远不是要将我们语言的规则用于汉语。相反，我希望传教士们解放他们的观念，将观念从他

---

① 张国刚，等.《明清传教士与欧洲汉学》. 第五章，262 页，此章为班立华撰写。中国社会科学出版社，2001.

② 张西平，李真，等.《西方人早期汉语学习史调查》（上）. 对马若瑟及《汉语札记》有详细介绍，可参阅。中国大百科全书出版社，2003.

们的母语中抽取出来，再让这些赤裸的观念穿上中文的服装。”①他的理论是不彻底的。将西方“观念”“穿上中文的服装”，其结果是“仍然采用拉丁文语法模式解说中文”。②

现代西方汉学家对马若瑟的《札记》仍然相当推崇。挪威的何莫邪教授在《〈马氏文通〉以前的西方汉语语法书概况》中说：

> 汉语语法史上的第一部巨作是用拉丁文写的：
>
> 雍正六年 Prémare, Notitia Linguae Sinicae,《汉语短论》(1728), first published Malacca 1831。作者用拉丁文语法系统和范畴分别讨论官话和文言文。这部书直到现在仍值得参考。作者 Prémare 熟悉古汉语经典，在中国住过几十年，从事传教活动。他是汉语语法学史上的英雄，历史影响很大。③

这位“英雄”被埋没了 100 多年，终于受到中外语言学界的共同赞扬。

法国的贝罗贝教授在《20 世纪以前欧洲汉语语法学研究状况》中也将 Joseph Prémare 写的 *Notitia Linguae Sinicae*（1728）列为“最重要的著作”。他把马若瑟译为“约瑟夫·培马尔（Joseph Prémare）”，书名译为《汉语分析》（*Notitia Linguae Sinicae*）。书中的例子“大致不少于 12000 例句和 50000 个词语”。

① 转引自张国刚等《明清传教士与欧洲汉学》，263 页，中国社会科学出版社，2001.

② 同上.

③ 何莫邪、贝罗贝的文章均见《文化的馈赠——汉学研究国际会议论文集》语言文学卷，北京大学中国传统文化研究中心编，464 页，北京大学出版社，2000.

"书中主要阐述汉语的修辞特征。作者细致地分析了句子的文体和辞格。书中语法分析及解释也不少，只是这些解释都是个别的，缺乏统一性。"（468 页）贝罗贝指出："这部著作明显的缺陷是缺乏对句法的解释。培马尔无疑采用了拉丁语的框架来解释中国语言。然而汉语语言的很多现象很难框入拉丁语格式。作者没有深入研究出一种考虑汉语特征的术语，而只简单地采用了他所了解的拉丁语术语。""这部著作对后来语法书的发展起了重要影响"。（469 页）此书得以公开出版，是"由当时英国新教徒向斯坦尼斯拉斯·瑞里安（Stanislas Julien，1799—1873）要求复制手稿"。[①]（469 页）法国艾乐桐博士在《欧洲忘记了汉语却"发现"了汉字》一文中，也称赞"马若瑟这部作品是一部优秀的作品"。他还质疑："这部作品的命运不禁使人怀疑，有现在的资讯而不加以传播，到底是何居心。"这句话有一条注，注文说："雷慕沙把这一责任归咎于艾蒂安·傅尔蒙，说他'如果不是有意掩盖此书的优点的话，至少没有加以全面介绍。'"[②]

《汉语札记》拉丁文本问世之后，1847 年又出版了裨雅各的英译本，对原文有所修改。1845 年 8 月卫三畏从华返美途经巴黎时，曾会见过儒莲和巴赞，谈起过有人要翻译《札记》的事。他 8 月 25 日给裨治文的信中写道：

> 我希望你能送一份词汇表给儒莲（Stanislas Julien），并在翻译完马若瑟的《中国语文札记》后也给他和巴赞

① 何莫邪、贝罗贝的文章均见《文化的馈赠——汉学研究国际会议论文集》语言文学卷，北京大学中国传统文化研究中心编，北京大学出版社，2000.

② 此文为张冠尧译。见《法国汉学》第一辑，184、195 页，清华大学出版社，1996.

(Bazin) 先生各一份。两位先生将会非常高兴，并且会送给我们他们的著作。……儒莲是中文书籍的管理员，他的收入一半来自管理这些图书（盈按：指法国皇家图书馆的中文图书），一半来自教授其中的内容。巴赞只当教授，月收入 1000 美元。他告诉我，他的讲座开始时，班上大约有 20 个学生，而结束时只剩下五六个。[①]

按卫三畏的说法，当时翻译马若瑟《汉语札记》的是爱利亚·裨治文（Elijah Coleman Bridgeman，1801—1861），而 1847 年该书在广州出版时，署名却是詹姆斯·裨治文（James Granger Bridgeman，即裨雅各），后者是前者的堂弟，于 1844 年到达澳门，1845 年抵广州，1851 年因患精神分裂症而自杀。

卫三畏会见的儒莲和巴赞都是当时法国著名的汉学家。上文已谈到，儒莲是雷慕沙的学生。雷慕沙（Abel Remusat，1788—1832，中文又译为雷米萨）在中西文化交流中是一个具有划时代意义的人物。[②] 研究欧洲汉学的人通常把 1814 年（嘉庆十九年）作为一个分界线。因为这一年的 12 月 11 日法兰西学院作出一个重要决定，将汉语列为这个法国最高研究机构的正式课目。课目名称为“汉语和鞑靼—满语语言和文学”。这个讲座的设立标志着欧洲的中文传播已由教会传播发展为学校传播，由为传教而研究汉语发展为为学术而研究汉语，汉学及专业汉学家从此正式诞生（天主教传教士从来

① ［美］卫斐列．顾钧，江莉，译．《卫三畏生平及书信》．77 页，广西师范大学出版社，2004.

② 陈铨在 1936 年出版的《中德文学研究》中说：“锐幕萨实际可以说是欧洲第一个中文学者，下一代法国英国德国有名的中文学者，差不多都是他的学生。”（20 页），辽宁教育出版社，1997.

不自认为是汉学家)。此举在西方产生了深远影响。俄国、美国、英国、德国、荷兰等国都先后设立了汉学讲座。

法兰西学院第一任汉学教授就是时年 27 岁的雷慕沙,他于 1815 年 1 月 16 日开课。他开设的汉语语法课就利用了马若瑟的《札记》。1822 年,他自己编写的汉语教材《汉语语法基础或古文及官话即中华帝国通用的普通话概要》[①] 出版。雷慕沙的汉语语法研究在欧洲颇有影响。1826 年 3 月德国的威廉・冯・洪堡特自柏林致信阿贝尔・雷慕沙,讨论汉语语法问题。此信的摘要发表于该年的《亚细亚》杂志,1827 年全信以单行本发表。姚小平先生译注的《洪堡特语法哲学文集》,以《论语法形式的通性以及汉语的特性》为题收入了这封长信。此信"是西方最早以真正科学的方法研究汉语语法的论著,为向西方揭开汉语的神秘面纱做出了巨大贡献"。[②]

儒莲,贝罗贝译为瑞里安,或译为斯塔尼斯拉斯・朱利安,或译为裘利安,或译为于连。有人说他"在中国生活了 40 年",这是不确切的。王韬旅欧回国时(1870 年),途经巴黎,曾拜访过儒莲。双方在学术上互相倾慕,交谈甚欢。数年后,儒莲辞世,王韬写了一篇纪念文章《法国儒莲传》,称赞其"通中西之学,今之硕儒名彦也"。又说:"先生于华文有癖嗜,既入院,穷昼夜之力,研摩考察,不一年遂造其奥。""先生足迹虽未至中国,而在其国中译习我邦语言文字将四十年,于经史子集靡不穷

① 此书有人译为《中华帝国通用的共同语言官话》,或译为《汉语语法基础,或古文和官话(中华帝国的通用语言)的一般规则》.

② 耿昇《法国对入华耶稣会士与中西文化交流的研究》。见《国际汉学》第十期,152 页,大象出版社,2004.

搜遍览，讨流溯源，岂近今所可得哉!”①

王韬将法兰西学院译为“翰林院”，称儒莲为“掌院学士”。所谓“入院”“将四十年”是指雷慕沙于1832年谢世之后，由儒莲继任法兰西学院汉语讲座教授，直到1873年儒莲去世，这中间正好为40年。

安托尼·巴赞（Antoine Bazin，1799—1863）与儒莲是同龄人，又是儒莲的学生，他向儒莲学会了汉语口语。法国路易十四王朝已有一所东方语言学校，1795年又成立国家东方现代语言学院。该院从1843年开始设立汉语口语课程，巴赞为首任教授。卫三畏说“巴赞只当教授”，就是指东方现代语言学院的汉语教授。

雷慕沙、儒莲、巴赞这师徒三代都受益于马若瑟的《汉语札记》，而他们开创了汉语传播的另一片新天地，他们是学术型的汉学专家，为法国汉学的持久发展奠定了广阔而又坚实的基础，在20世纪前半期达到高峰。下面这些汉学家都是蜚声国际的卓有贡献的大人物：

沙畹（Edouard Chavannes，1865—1918）

伯希和（Paul Pelliot，1878—1945）

马伯乐（Henri Maspero，1883—1945）

葛兰言（ Marchel Granet，1884—1940）

外国人传播汉语和中国人自己传播汉语在效果上有一样的地方。其一，传播的都是汉语；其二，传播对象都是外国人；其三，无论传播的实用目的有怎样的不同，其终极结果都有利于东学西渐。

① 王韬.《弢园文录外编》. 277—279页，上海书店出版社，2002.

在1949年之前，中国人走出国门肩负汉语传播任务的几乎屈指可数。

1702年（康熙四十一年），耶稣会教徒福建人黄嘉略（1679—1716）随法国传教士梁弘仁（1655—1713）前往巴黎。担任路易十四的中文翻译，并编写《汉语语法》《汉语字典》，均未正式出版。在巴黎期间，他跟弗雷莱、傅尔蒙有过合作的经历，也与当时还年轻的孟德斯鸠有过交往。黄嘉略这个名字，国人已经非常陌生。今年1月许明龙出版了一本专著《黄嘉略与早期法国汉学》（中华书局），对黄的方方面面作了详细研究，可参阅。美国耶鲁大学教授史景迁在《有历史记载的最早赴法国的中国人》一文中，认为“中国人第一个来法国的是一个姓沈的人，名叫沈复聪（音译）”。“沈先生被法国人聘用为语言教师，大约是到那些附属于耶稣会的学院去教中文。”另一位叫阿卡蒂奥·黄（Arcadio Hoang），即黄嘉略。史景迁说：“受他之惠最多的是跟他在一起工作的福尔芒教授（即伊典纳·福尔芒）——被认作是法国汉籍收藏的缔造者。我还应告诉你们，福尔芒教授后来使用了他余生的精力来试图降低黄先生作为一个学者所能获取的所有成就，而将黄先生的工作成就窃为己有。这种在学术界以大欺小的剽窃恶行幸而在事实上被富有勇气的福尔芒的助手给揭露了出来。”[①] 福尔芒又译为傅尔蒙，被称为法国“近代汉学之始祖”。许明龙的研究也证明：“傅尔蒙的人品一直为一些法国学者所不齿。”“与弗雷莱相比，傅尔蒙与黄嘉略共事的时间更长，合作的

① 乐黛云，［法］李比雄主编.《跨文化对话》（7）.177、178页，上海文化出版社，2001.

项目更多，黄嘉略给予他的影响也更大。然而，傅尔蒙却不止一次断然否认黄嘉略给予他的启示和帮助，大言不惭地声称，他的著述与黄嘉略的遗稿毫无关系，完全是他独立研究的结果。当然，事实并非如此，在他的有关汉语的著作中，处处都可发现黄嘉略对他的影响。”①

由于篇幅的原因，传教士与汉语传播的关系，在此不可能作全面研究。如葡萄牙、意大利、俄罗斯等国传教士的中文活动均未谈到，希望有人能以专著的形式彻底解决这一课题。

肆、民主意识

关于民主意识，我只讲两点：

一、为什么要对语言讲民主。

二、语言民主意识的两个层面。

一、为什么要对语言讲民主

从古至今的汉语理论中，没有人提出过对语言要讲民主。

人对语言要讲民主，涉及人和语言的关系问题。对人和语言的关系，如果作形而上的思考，就可以这样提出问题：人是从属于语言还是语言从属于人，是人正确还是语言正确。如果只是人从属于语言，语言永远是正确的，那么人跟语言的关系是单一的，是被动的，人也就没有能力也没必要对语言讲什么“民主”了。人被囚禁在语言的牢笼之中，成为语言的奴隶，从不敢反

① 许明龙.《黄嘉略与早期法国汉学》. 239、240页，中华书局，2004.

抗，“民主意识”的提法也就成了无的放矢。关于语言对人的威力，语言对人的统治，在西方世界可以追溯到《新约·约翰福音》：

> 开天辟地就有语言，语言与上帝同在，语言就是上帝。[①]

正如罗素（Bertrand Russell，1872—1970）所言，这是“人们用迷信的眼光看待语言”[②]。语言等同上帝，人还算得了什么。“迷信”者的语言论断，不足为据。现在请听罗素的同时代人、德国最著名的宗教哲学家、宗教存在主义的主要代表人物马丁·布伯（1878—1965）又是如何看待人和语言的关系的。布伯说：

> 人以多种口舌言说：语言之舌、艺术之舌、行动之舌，但精神始终如一。……精神即语言。言语首先言说于人心，继而振响于人的喉舌，然则此两者皆属本真进程的折射。因为，并非语言寓于人，而是人栖居于语言，人站在语言当中向外言说。每一言语皆是如此，每一精神皆是如此。[③]

“精神”是独立的。“精神不在‘我’之中，它伫立于‘我’

---

① 这段文字有不同的译法，此处译文转引自朱文俊《人类语言学论题研究》，211页，北京语言文化大学出版社，2000.

② ［英］罗素．张金言，译．《人类的知识》．68页，商务印书馆，2003.

③ ［德］马丁·布伯．陈维纲，译．《我与你》．33页，三联书店，2002.

与‘你’之间。它非是循环于你之体内的血液，而是你时时承仰呼吸的空气。人若生存于精神中，则他必响应‘你’；人若响应‘你’，则他必把其全部存在都投入关系。因为人只能凭借关系伟力而筑居于精神。”[①] 由“语言就是上帝”到“精神即语言”，这是由“迷信”到哲学，但人还是受语言的支配，“语言”是一种“精神”力量，是“我”与“你”共同栖居之所。

基本上与布伯同时的另一个德国人马丁·海德格尔（Martin Heidegger，1889—1976）说过一句至今还被到处引用的名言：“语言是存在之家。”又译为“语言是存在的家园”，“语言是存在的居所”。这个命题是海德格尔在《关于人道主义的信》（1946 年）中提出来的。其上下文为：

> 思（想，考）完成存在对人的本质的关联。思并不制造与引起这一关联。思只是把这一关联作为存在交托给它自己的东西向存在供奉出来。这一供奉在于：存在在思（想，考）中形成语言。语言是存在的居所（Die Sprache ist das Haus des Seins），人栖居在语言所筑之居所中。思者与诗人是这一家宅的看家人。他们通过自己的言说使存在的开敞形乎语言并保持在语言中；就此而论，他们的看守就是存在的开敞的完成。[②]

1957 年 12 月海德格尔在“语言的本质”这个演讲中，通过

① ［德］马丁·布伯．陈维纲，译．《我与你》．33 页，三联书店，2002.

② 转引自钱冠连《语言：人类最后的家园》，23、24，商务印书馆，2005.

对《词语》这首诗的分析，又一次阐释了“语言是存在之家”这个命题。《词语》那首诗的最后两句是：

> 词语破碎处，无物可存在。

海德格尔说：

> 我们曾大胆地把它改写为：词语缺失处，无物存在。这里，“物”是在传统的宽泛意义上被理解的，意指无论以何种方式存在的一切东西。这样看来，就连神也是一物。惟当表示物的词语已被发现之际，物才是一物。……所以，我们必须强调说：词语也即名称缺失处，无物存在。惟词语才使物获得存在。
>
> ……
>
> 最后一行诗的内容却包含着这样一个陈述：任何存在者的存在寓居于词语之中。所以才有下述命题——语言是存在之家。[①]

按照海德格尔的语言理论，《圣经》上说的“语言与上帝同在，语言就是上帝”，还不够极致。我们完全可以把它改写为：“语言是上帝之家”，“当表示‘上帝’这个词语已被发现之际，上帝才是上帝”，“惟词语才使上帝获得存在”。这样改写当然无

① ［德］海德格尔．孙周兴，译．《在通向语言的途中》．152、154 页，商务印书馆，2004.

可非议。有人说："海德格尔心目中的语言，已然不是传统语言观所认为的传达体验、意志、心绪和信息的工具，而是具有像上帝创世为万物命名时那样一种赋予事物以本质的能力。"① "上帝创世为万物命名"是一个虚假的命题，而"语言是上帝之家"却是千真万确的。

海德格尔的语言理论，把传统的人和语言的关系彻底颠倒了："不再是人讲述语言，而是语言通过人在自己进行讲述。"② 在海德格尔那里，人根本没有资格对语言讲什么"民主"的问题。因为，"我们所说的语言始终已经在我们之先了。我们只是一味地跟随语言而说。""语言不再仅仅是我们说话的人与之有某种关系的东西了——这种关系是在人与语言之间存在的联系意义上讲的。作为为世界开辟道路的道说，语言乃是一切关系的关系。"③ 语言高于上帝，语言高于人。因为"语言乃是一切关系的关系"。

德国人将语言与人分别加以考察，将语言视为"独立自主的力量"，应追溯到洪堡特。

威廉·冯·洪堡特在《论人类语言结构的差异》（1827—1829）中有这样的论述："至此，我论及更多的是说话而不是语言。但语言当然是从说话中生成的，即，从说话中形成了一个词语总汇和一个规则系统；经过千万年的发展，语言便长成为一种独立自主的力量，不依赖于每一代人，每个民族，甚至于在一定程度上也不依赖于人类。"④

---

① 盛宁.《语言学的转向》. 见饶芃子主编《思想文综》第 1 辑，10 页，暨南大学出版社，1995.

② 同上书，9 页.

③ ［德］海德格尔. 孙周兴，译.《在通向语言的途中》. 169、211 页，商务印书馆，2004.

④ 姚小平，译.《洪堡特语言哲学文集》. 299 页，湖南教育出版社，2001.

洪堡特的语言理论与海德格尔也有原则性的不同，洪堡特坚持两点论。

他一方面讲“面对语言的威力（Macht）个人的力量实在是微不足道的”；另一方面又讲“每一个人都单独和连续不断地反作用于语言，每一代人便都会在语言中引起一些变化”。（301页）“个人才能保持他与语言的平衡关系。”[①]

他说：“语言既是一个客体，具有独立的存在，另一方面它恰恰又在同一程度上依附于主体，并没有独立的存在。”[②]

“语言属于我，因为我生成着语言”，“语言本身又对我起着限制作用”。[③]

“语言的规律性决定着语言对人的影响，而决定着人对语言的反作用的是一种自由性原则。”[④]

现在回到“民主意识”这个话题上来。我们之所以要对语言讲民主，从语言方面而言，我们要承认，而且要正视：

“并非语言寓于人，而是人栖居于语言。”

“语言是存在之家。”

“经过千万年的发展，语言便长成为一种独立自主的力量。”

“面对语言的威力个人的力量是微不足道的。”

从人这方面来说，“因为我生成着语言”，我可以“反作用于语言”，“语言的健康成长靠的是民众，以及民众当中产生出来的一些伟大的精神人物”。[⑤] 还有海德格尔说的“这一家宅的看家

---

① 姚小平，译.《洪堡特语言哲学文集》. 301 页，湖南教育出版社，2001.

② 同上书，300 页.

③ 同上.

④ 同上书，303 页.

⑤ 同上书，360 页.

人”，即“思者与诗人”。但丁、莎士比亚、歌德……都是这样的“看家人”。老子、孔子、庄子、司马迁、曹雪芹、梁启超、鲁迅……也都是这样的“看家人”。当然，洪堡特说得好：主要“靠的是民众”。语言的不断成长，语言的生生不息，“民众”与“伟大的精神人物”，二者缺一不可。“精神人物”是在“民众”的基础上产生的，从“民众”那里汲取营养，汲取素材，加工提高。没有“民众”，“精神人物”肯定“精神”不起来。于是，我们就面临着一个如何看待“民众”日常用语的问题，即如何看待自然语言的问题。是用民主的态度呢，还是用“专制”的保守的态度呢？洪堡特也注意到此，请听他的批评：“至于所谓有教养的阶级，包括社会地位较高的阶层和知识阶层，总是根据自身的特性偏好这一或那一现象，他们的清洗、净化和剔选工作会使语言变得贫乏，但他们的整理、调节和塑造工作可以促进语言的发展。”①

洪堡特肯定了对语言的“整理、调节和塑造工作”有“促进”语言发展的作用，更重要的是指出“清洗、净化和剔选工作会使语言变得贫乏”。问题就在这里！“清洗、净化和剔选”早已成为我们的历史传统，至于贫乏还是不贫乏，从来没有人反思过。“清洗、净化和剔选”者的标准是什么，大概也是“根据自身的特性偏好这一或那一现象”。符合“特性偏好”者保留之，不符合“特性偏好”者则“清洗”之，“净化”之，“剔选”之。在八股文占统治地位的年代，在极“左”思潮泛滥成灾的年代，人们说话作文就得跟着他们的“特性偏好”走，语言焉能不贫乏！

① 姚小平，译.《洪堡特语言哲学文集》.360页，湖南教育出版社，2001.

救治语言贫乏的唯一妙方就是要对语言讲民主。人若糟蹋语言，语言就糟蹋人。它不仅会使你面目可憎，像个瘪三；还会使你无病呻吟，废话、套话，累牍连篇；最严重的是使你患上“失语症”，落后于时代，落后于国际社会。全球化时代，许多思想、观念、概念是世界性的，是超越本民族语言的。人与语言保持平衡，已不只局限于母语，包括从其他民族汲取语言资源。“人从自身中造出语言，而通过同一行为，他也把自己束缚在语言之中；每一种语言都在它所隶属的民族周围设下樊篱，一个人只有跨过另一种语言的樊篱进入其内，才有可能摆脱母语樊篱的约束。”① 汉语也有自己的“樊篱”，我们既不可粉碎这个“樊篱”，又不可被“樊篱”束缚。学习另一种语言，翻译另一种语言，引进另一种语言反映新事物的词语，都是促进汉语发展的必要条件。对外来词、翻译词，同样要有民主意识，不可盲目排斥。

中华民族是一个由几十个民族构成的统一体，除汉族外，还有五十多个少数民族。当我们讲汉语的民主意识时，不仅是在汉语内部要讲民主，汉语与兄弟民族语言之间也要讲民主。以汉语为母语的人要以民主的眼光、民主的原则对待少数民族语言。

众多的民族语言是中华民族大家庭中的共同财富，共同的经验、智慧，每一种语言都应该受到保护，并得到发展，各民族的人民群众有权使用自己的母语，也有权学习使用汉语。在民主的基础上实行双语教育，有利于各民族的沟通，也有利于社会的和谐统一。

---

① ［德］洪堡特．姚小平，译．《洪堡特语言哲学文集》．298 页，湖南教育出版社，2001.

有不少少数民族地处边疆，与国外某些民族使用同一种语言。所以，这些民族的语言也是很重要的国防资源，语言的纽带能传达国际主义的友谊。

众多的民族语言包含着丰富的学术资源、文化资源，对于原始汉语的研究，对于中国境内语言底层的研究，对于汉语和亲属语言关系的研究，都有难以估量的价值。

最后我们再从历史的角度探讨汉语内部的民主问题。

历史的经验很值得我们重视。在历史上汉语从未出现过语言民主的理论，但这不等于没有语言民主的时代。春秋战国时代是语言民主的黄金时代。孔子简约，孟子雄辩，墨子逻辑严密，庄子汪洋恣肆，稷下处士横议，苏秦、张仪之流，“释本而事口舌”[①]。张仪被人诬陷，“掠笞数百”（《史记・张仪列传》），其妻劝之，不要“读书游说”了。

> 张仪谓其妻曰：“视吾舌尚在不?”
> 其妻笑曰：“舌在也。”
> 仪曰：“足矣。”[②]

舌头就是语言，“语言就是上帝”，“精神即语言”，“语言是存在的家园”。“上帝”不死，“精神”不死，“家园”还在，我张仪就大有希望，“足矣”。凭语言，凭三寸不烂之舌，苏秦合纵，佩六国相印；张仪相秦，“挟天子以令于天下，天下莫敢不

① 《史记・苏秦列传》. 2241 页，中华书局，1962.
② 《史记・张仪列传》. 2279 页，中华书局，1962.

听。”[①] 鬼谷子这两个学生，诚如太史公所言：“真倾危之士哉！”[②] 这种“倾危”的力量来自语言，来自语言的威力。

自从荀子他老人家提出“天下无二道，圣人无两心”（《荀子·解蔽》）的谬论之后，战国时代蓬蓬勃勃的汉语民主意识就开始遭殃了。荀子反对“百家异说”。（《荀子·解蔽》）所谓“百家”就是众多学派，“异说”就是不同的话语体系。各学派之所以能成为学派，是因为他们都有自己的话语体系。各个话语体系之间互相交流，就构成语言竞争之势。百家争鸣，“争”的是语言，“鸣”的是语言。离开了语言，既不能“争”，也不能“鸣”。梁启超说：“诸子之立教也，皆自欲以笔舌之力，开辟途径。”[③] 而荀子要一其笔舌，齐其笔舌，反对“异说”，将语言关进牢房，套上枷锁，变多元化为一元化，此乃汉语发展史上一极为重要关键也。“荀子身虽不见用，而其弟子韩非、李斯等，大显于秦，秦人之政，壹宗非、斯。汉世六经家法，强半为荀子所传（盈按：可参阅清人汪中《述学·荀卿子通论》）；而传经诸老师，又多故秦博士。故自汉以后，名虽为昌明孔学，实则所传者，仅荀学一支派而已。”[④] 梁启超之前，谭嗣同已指出：“悲夫悲夫！民生之厄，宁有已时耶！故当以为二千年来之政，秦政也，皆大盗也；二千年来之学，荀学也，皆乡愿也。惟大盗利用乡愿；惟乡愿工媚大盗。二者相交相资，而罔不托之于孔。”[⑤] 秦

① 《史记·张仪列传》. 2282 页，中华书局，1962.

② 《史记·张仪列传》. 2304 页，中华书局，1962.

③ 梁启超.《论中国学术思想变迁之大势》. 54 页，上海古籍出版社，2001.

④ 同上书，60 页.

⑤ 谭嗣同.《仁学》. 47、48 页，中华书局，1962.

汉以后，汉语的书面语言渐渐公式化、概念化，就因为“百家异说”的局面不复存在，“荀学”一统天下。汉语最丰富最生动的时代在先秦，汉语语境中的许多基本概念，一大批关键词，一大批成语，均出自先秦，就因为那个时代造就了一个“百家异说”的大好局面，语言民主意识达到了空前绝后的地步，中国最好的语言大师，最优秀的语言游戏大家，都在此时展示了自己美妙动人的风采。

二、语言民主意识的两个层面

我个人关于汉语民主意识的观念主要来自两篇文章：一篇是赵元任的《什么是正确的汉语》（1961 年），另一篇是美国丹尼尔·J. 布尔斯廷的《语法的没落：口语征服了课堂》①。

赵文的主要观点有：

> “人总是出错，纠正更加不好。孟子说：‘人之患在好为人师。’可是竭力主张正确，纠正别人的错误，却是无可救药的顽症。语言是人类的主要建制，因此人们始终不懈地在寻找和保持语言的规范。”②
>
> “只有闭眼不看语言演变的事实才能守住旧传统始终不变的错误观念。语言是在变的……演变的最大社会力量之一是中国人所说的‘习非成是’。错两次固然变不成正确，但是次数多了，什么错误都会变成正确。”③

---

① 谢延光，译.《美国人》第三卷第八编第 50 节，上海译文出版社，1997.

② 此文为叶蜚声译，收入《赵元任语言学论文集》，836—846 页，商务印书馆，2002.

③ 同上书，839 页.

> “什么是正确的语言，这要看什么场合宜于说什么话和说话人（或写作者）是什么身份。如果你要在交际中达到最大的效果，那么你就应该怎么怎么做——如此说来，语言的正确似乎成了有条件的规定，而不是绝对的规定……语言的正确最终是绝对的规定”。①

赵先生在文章中并没有提出“民主意识”问题，但整篇文章所体现的是一种民主精神。在语言问题上，“正确”与“错误”是相对的，对于错误，“纠正更加不好”。这里有个前提，就是“在交际中达到最大的效果”。为此目的，我们得服从“绝对的规定”。赵先生还说：我完全同意美国结构派语言学家的主张：学者的任务是记录用法，说明在什么条件下出现这些用法；教员的任务则是教给学生，什么语言适合什么场合。②

学者的责任是如实地报道事实，分析这类事实所产生的条件，所处的环境，而不是评价“事实”的正确与错误。教员的责任是教给学生如何使用语言，前者的责任重在描写，后者的责任重在传授经验，经验中就包含规范性原则。场合要求本身就是语言行为规范。规范既然来自经验，经验变了，规范也不得不变。所以赵先生申明：自己“肯定不是死硬的纯语派”③。

美国丹尼尔的语言民主理论对传统的英语语法教学完全持否定态度。我们先摘引他的一些言论以了解他的理论主张。

---

① 《赵元任语言学论文集》. 846 页，商务印书馆，2002. 又见《中国现代语言学的开拓和发展——赵元任语言学论文选》，140 页，清华大学出版社，1992.

② 同上书，845 页 .

③ 同上 .

“民主也从来没有能够为全国的语言制定一个学术上的标准。”（653 页）“如果美国人连对说话这种简单的事也要寻求标准，那么他们就再也找不到任何明确的权威了。”（671 页）

“你的语言是‘正确的’还是‘不正确的’？你的讲话娓娓动听还是粗鄙无文？……判断和衡量方式上的民主变革，它的基础是对‘人民’的信念……人民的声音就是上帝的声音。”（654 页）

“到 20 世纪中期，民主的新标准已经进入课堂，改变了关于一个民主的社会对其语言能够使用什么标准（如果有这样的标准的话）的看法。这些新标准是一门叫做语言学的新科学的产物。……美国语言学的一个新学派利用了只有美国才有的机会。这个学派的两个创始人爱德华·萨皮尔（盈按：一般译为萨丕尔，Edward Sapir，1884—1939）和伦纳德·布鲁姆菲尔德（盈按：一般译为布龙菲尔德，Leonard Bloomfield，1887—1949），全都在美国印第安语言中发现了他们的出发点。……虽然只有很少美国人听说过这门新的语言科学，但不到二十年，它竟成美国学校语言教学中左右一切的力量。”（656、657 页）

“如果说结构语言学还是人们所不熟悉的，而且仍然是深奥难懂的，但它一些原则却符合尽人皆知的民主常识。”（658 页）

所谓“民主常识”包括哪些“常识”呢？

1. 重视口语，对口语进行全面描写

如“新版韦氏词典的着眼点就是大量口语，因此它实际上可以说已经废除了‘口语’这个区别性的标签。而且，它也很少使用人们所熟知的贬义词——俚语、行话、谐语和非标准语言——而旧版韦氏词典曾把这些名称用来指有教养的美国人的标准书面语中所不用的那些词。新版韦氏词典不但对旧版中所没有的十万个词一一予以解释，而且还显得极其宽容，在丝毫不表示责难和轻蔑的情况下就把一些词收了进来。”（668 页）在我们的字典中能不能不加选择地收录“贬义词”，仍然是个大问题。所谓影响“风化”，影响儿童成长，某些读者对此颇为担心。

2. 不对“正确”与“错误”作判断

“大多数语言学家热情地称赞新版韦氏词典。因为几乎没有哪个批评家能够否认新版韦氏词典是对美国英语习惯用法的一种准确的、最新的、全面的描写。使大多数外行的批评家不安的是，这部‘权威性的’著作故意地没有为他们语言的‘正确的’和‘错误的’用法提供指导。”“当然，这些评论家大多数都是‘正确和错误’的老派语法教育出来的，他们本身对这门新的语言科学知之甚少，或者一无所知。”（667 页）“弗赖斯从他的语汇里排除了‘正’、‘误’、‘错’这类字眼，同时他还极力主张所有的英语教师也这样去做。……把社会上的日常习惯用法教给学生，以便最后‘促使我们的学生去观察实际用法，并尽可能使他们获得实现这一目标的实际训练’。”（662 页）

3. 批判旧的语法教学

“结构语言学家们决定，他们光做那种超然的语言习惯分类者是不够的。在他们的语汇中，‘语法’成了蒙昧主义的同义词。……他们对语法学家发动了一场讨伐运动。”（661 页）“他们编写了新的课本和教师手册：‘英语语法’这时成了‘英语模式’。这些新课本抛弃了旧的语法概念，他们认为那是适用于受过良好教育的人的一套清规戒律。”（663 页）“这种对语言的新态度表示了对语法学家的知识的蔑视，这种知识此时已被称为迷信。……虽然这些新语言学家用一种无情的描写眼光来考察语言，但他们当然也知道，受到教育的美国人都曾在学校里被灌输过关于传统的高雅语言的标准。有人对这些新语言学家说，‘语法不通’可能会使人无法在社会上发展，但他们不同意这种看法。他们坚持认为，这和为了合于语言规范而制定语法规则完全是两码事。”（664 页）“这些新语言学家还是把课堂攻占了。……《英语模式》和类似的攻击传统观念的课本，开始取代了传统的《英语语法》。”（665 页）

他们如此蔑视语法和语法学家，未必正确，也未必能解决实际问题。美国的学术界也有人站出来为传统辩护，“打算和新版韦氏词典一较短长……在保留传统方面至少做到了以‘约定俗成的用法’告诉它的读者们。”（669 页）也有人“更进一步地退到按‘正确或错误’的标准来对待语言的传统态度而获得成功”。（670 页）尽管如此，美国结构主义语言学派（也就是描写语言学）的民主精神是值得我们重视的。这种精神的主要点是重视口语，对口语中的习惯用法进行“准确的、最新的、全面的描写”。评判“正确”与“错误”的标准是实际口语。我所说的民主意识的两个层面，其中第一个层面就是对口语的全面描写。我之所以把赵元任的主张与丹尼尔的“语法的没落”相提并论，因为他们之间有一种共同意识，这就是语言民主意识。

赵元任的语言观深受萨丕尔、布龙菲尔德的影响。萨丕尔比赵大八岁，布比赵大五岁，他们基本上是同一时代的人。在他们那个时代，描写语言学在美国语言学界占统治地位。他们那种语言民主精神也是那个时代的产物。赵元任的《什么是正确的汉语》一开头就提出：“人总是出错，纠正更加不好。”这完全是美国描写语言学的民主精神，只有在美国那样的语言理论氛围中，才有可能说出这种一反传统的真言。按中国传统的原则是：有错必纠。当然，赵并不是鼓励“出错”，鼓励“文理不通”。他讲的跟个人的语言修养、跟个人要精通“绝对的规定”是两个不同的问题。他讲的是从宏观上看待一些语音、语义演变的事例，是一种语言决策上的宽容精神，而这种精神正是我们缺乏的。《什么是正确的汉语》一文，对当前的语言决策很有指导意义，可惜真正理解此文精神实质的人还是不多。

我所说的语言民主意识的第二个层面是以对汉语的描写为基础，建设多元、典范的白话文文体。文体的建设不是少数人的事，也不是一两代人的事。从梁启超的“新文体”到“五四”时期的白话体，汉语新文体的建设虽然成绩不错，但“革命尚未成功，同志仍须努力”。80多年前，陈独秀就说过：“现在欢迎白话文的人，大半只因为他通俗易解，主张白话文的人，也有许多只注意通俗易解。文学、美术、音乐，都是人类最高心情的表现，白话文若只以通俗易解为止境，不注意文学的价值，那便只能算是通俗文，不配说是新文学，这也是新文化运动中一件容易误解的事。”① 白话文成功与否，衡量的根本标准是“文学的价值”。白话文如不能成功地创造有“价值”的“文学”，就等于没有典范，而没有典范的现代白话文，现代汉语的规范就要大打折扣。唐宋古文运动的成功，就是出现了韩柳欧苏王曾这样一批典范。典范既不能自封，也不能钦定，而是在一定历史条件下，由群众中产生，又由群众自发认可的。作为典范，必然要具有某些个人

① 陈独秀.《新文化运动是什么?》.《新青年》7卷5号，1920年4月1日.

的特定条件，而群众条件、社会条件尤为重要。白话文登上历史舞台，即使只从“五四”算起，时间也不算短了，为何它的成绩至今还不尽如人意呢？1976年2月，余光中发表《哀中文之式微》①，1997年旅美华人作家吴鲁芹发表《散文何以式微的问题》（原载台北《中外文学》月刊、台北《中国时报》，收入吴鲁芹《瞎三话四集》，台北九歌出版社，1979年）。他们都对“式微”的原因提出了自己的看法。

余光中谈了四条：“现代教育制度当然是一大原因。”学生课程多，“样样要读”，“于学无不窥”。原因之二是“文言和白话对立，更增加中文的困难”。“文言没有读通，白话也没有写好。两短相加，往往形成一种文白夹杂的拗体。文白夹杂，也是一种不通，至少是不纯。”原因之三是“西化的浩劫”。“英文愈读愈多，中文愈读愈少，表现的方式甚至思考的方式，都不免渐受英文意识的侵略。”原因之四，“中文程度低落，跟大众传播的方式有密切的关系”。“报上常见的‘翻译体’，往往是文言词汇西化语法织成的一种混血文体……一般读者天天看这样的中文，习以为常，怎能不受感染呢？”

余光中说的原因之一、之二，的确对“中文式微”负有重要责任。至于“文言和白话对立”则要具体分析。文言应是有益于白话的历史资源，二者完全可以不形成“对立”状态，糟的是“文言没有读通”，如果真正“通”了，文白融合，岂不是好！“中文之式微”，“散文何以式微”，这“式微”不就是典型的文言吗？不就是“文白夹杂”吗？张五常说得对：

① 《余光中散文选集》. 第3辑，71页，时代文艺出版社，1997.

古今并用的文字是最好的文字，中外皆然。[①]

关于“英语意识的侵略”，这也是可以化害为利的。中文功底好，既能从英文中受益，又能抵御“侵略”，这样的例子也不少。糟在中文不通，英文稀松，如此作文，不是叫人看不懂，就是令人头痛。现在人们所谓的“博士体”，就是这样的货色。

吴鲁芹归罪于“时代”。他说：

“不久以前一位社会学家形容我们今天所处的时代是‘耸人听闻的时代’（The Age of Sensation），……我个人的感受则是今天我们所处的时代是前所未有的‘打岔时代’（The Age of Distraction），似乎我们所处的‘时代’，正是我们所能习惯的，也就是我在本文一开始所说的‘狭义’的散文的克星。碰上这种时代，即使蒙田（Michel Eyquem de Montaigne，1533—1592）、兰姆（Charles Lamb，1775—1834）、毕尔彭（Max Beerbohm，1872—1956）再世，生在今日的法国和英国；朱自清、周作人转世，生在今日的中国，他们写散文的冲动，不给这个时代的‘巨轮’碾死，也会大打折扣的。因此尽管报纸广告上说当代散文名家辈出，而成果实在相当可怜，梁实秋的《雅舍小品》几乎成为‘鲁殿灵光’，亦足以说明这个时代的‘巨轮’，是轮下无情，多么残忍。……

① 张五常.《学术上的老人与海》. 67页，社会科学文献出版社，2001.

“今天读万卷书的人有的是，行万里路的更多。可是‘时代’不容他从容地写散文，因为周围尽是‘耸人听闻’的颓风；无论晨昏，又都随时有‘打岔’的事，随时有‘打岔’的人，好的散文要靠文字的纯正，如今纯正的文字要逐渐绝迹了。取而代之的是好莱坞写宣传稿式的一味夸张，用最美丽的字眼，去形容一文不值的垃圾，把原先有意义的字眼，贬到不值一文。总之，文字的纯正奄奄一息，好散文的大去之期就不远了。我有时候觉得这个时代的大罪恶之一，就是糟蹋文字，蹂躏文字。前两年一位电视广播记者纽曼（Edwin Newman）写了一本小书叫做《严格地来说》（《Strictly Speaking》），用幽默的笔调写出今天的英文被糟蹋蹂躏到体无完肤的情形。书的副题是：《难道美国将成为英文的葬身之地吗?》可见我们这个时代对文字的为害，无论是方块字，还是蟹行文字，倒是一视同仁，不分彼此的。”①

吴鲁芹说的“打岔时代”和某社会学家所说的“耸人听闻的时代”，我们应当都有亲身体验。“打岔”无处不在，大至一个时代，小至一个构思，一段文字，都会遇到“打岔”。“五四”白话文运动乃至中国的现代化不断出现“打岔”。内战“打岔”，侵略者“打岔”，各种各样的政治运动“打岔”，商业市场“打岔”。文坛“耸人听闻”的消息，学界“耸人听闻”的消息也层出不穷。人人都知道：“快餐文化”“泡沫文化”，有害无益。可“似

① 吴鲁芹.《瞎三话四集》. 128、129、130 页，台北九歌出版社，1979.

乎我们所处的时代，正是我们所能习惯的”。我们已没有那分“从容”来对付“克星”，也没有那分“冲动”来抗拒“克星”。我们有那么多的中文写家，有大散文、小散文、学术散文、女人散文、软性散文、刚性散文，可缺的就是“冲动”与“从容”。那么，我们的中文、散文是否要“永无止境，万劫难复”地“式微”下去呢？我的回答是乐观的，但要以百年为期。

“耸人听闻的时代”“打岔时代”会要过去的，迎来的将是一个伟大的复兴时代。中国的对外开放，对内改革，才刚刚进入小康社会，由小康进入国际先进行列，需要时间。时运一到，曷患不“冲动”、无“从容”？等待我们的将是一个文学自主、争奇斗艳的局面，是一个“百花齐放”的局面。

白话文学的成熟，典范作品的出现，不能靠自我吹嘘，也不能靠行政力量拔苗助长。唯一的办法是充分发挥个人的才能，经过几代人的写作实践，积累经验，反复锤炼，风格各异的语言文字巨匠，总有一天会应运而生。

伍、规范意识（略）

语言需要规范，无论是过去还是现在，人们都很明确，国家也制定了相关的政策。1955 年 10 月，中国科学院哲学社会科学部在北京召开的现代汉语规范问题学术会议，对现代汉语的发展具有决定性的意义，影响相当深远。新时期以来，政府及学术机关的有关部门对语言规范问题仍然高度重视，保证了现代汉语的健康发展。

鉴于规范问题已深入人心，规章制度、学术论著已出版了不少，且很有水平，故本书对此题从略，不再赘述。

参考文献

张箭．地理大发现研究．北京：商务印书馆，2002.

［美］乔纳森·弗里德曼．郭建如，译．高丙中，校．文化认同与全球性过程．北京：商务印书馆，2003.

俞可平．全球化：西方化还是中国化．北京：社会科学文献出版社，2002.

梁志明．殖民主义史（东南亚卷）．北京：北京大学出版社，1999.

王韬．弢园文录外编．上海：上海书店出版社，2002.

［英］汤因比．曹未风，等，译．历史研究（上、中、下）．上海：上海人民出版社，1997.

周庆生．国外语言政策与语言规划进程．北京：语文出版社，2001.

［德］赫尔德．姚小平，译．论语言的起源．北京：商务印书馆，1998.

［德］威廉·冯·洪堡特．姚小平，译．洪堡特语言哲学文集．长沙：湖南教育出版社，2001.

姚小平．洪堡特——人文研究和语言研究．北京：外语教学与研究出版社，1998.

杨慧林，黄晋凯．欧洲中世纪文学史．南京：译林出版社，2001.

［瑞士］雅各布·布克哈特．何新，译．意大利文艺复兴时期的文化．北京：商务印书馆，2002.

王军，徐秀云．意大利文学史——中世纪和文艺复兴时期．北京：外语教学与研究出版社，1997.

［意］加林．李玉成，译．意大利人文主义．北京：三联书店，1998.

［美］阿伦·布洛克．董乐山，译．西方人文主义传统．北京：三联书店，1998.

［英］C. P. 斯诺．陈克艰，秦小虎，译．两种文化．上海：上海科学技术出版社，2003.

李赋宁．英语史．北京：商务印书馆，2002.

蔡昌卓．美国英语史．北京：北京大学出版社，2002.

邹嘉彦，游汝杰．汉语与华人社会．上海：复旦大学出版社、香港城市大学出版社，2001.

刘墉．靠自己去成功．北京青年报，2003年10月17日起连载．

［新加坡］卓南生．中国近代报业发展史．增订版．北京：中国社会科学出版社，2002.

陈玉申．晚清报业史．济南：山东画报出版社，2003.

张西平，李真，王艳，陈怡．西方人早期汉语学习史调查（上、下）．北京：中国大百科全书出版社，2003.

［法］荣振华．耿昇，译．在华耶稣会士列传及书目补编（上、下）．北京：中华书局，1995.

雷雨田，张琳．近代来粤传教士评传．上海：百家出版社，2004.

张国刚，等．明清传教士与欧洲汉学．北京：中国社会科学出版社，2001.

顾长声．传教士与近代中国．上海：上海人民出版社，2004.

顾长声．从马礼逊到司徒雷登．上海：上海书店出版社，2005.

何兆武．中西文化交流史论．北京：中国青年出版社，2001.

［美］柯文．雷颐，罗检秋，译．在传统与现代性之间．南京：江苏人民出版社，1998.

刘珣，田善继，冯惟刚．对外汉语教学概论．北京：北京语言文化大学出版社，1997.

赵金铭．汉语研究与对外汉语教学．北京：语文出版社，1997.

周振鹤．逸言殊语．杭州：浙江摄影出版社，1998.

［美］马礼逊夫人．顾长声，译．马礼逊回忆录．桂林：广西师范大学出版社，2004.

［美］卫斐列．顾钧，江莉，译．卫三畏生平及书信．桂林：广西师范大学出版社，2004.

［美］丁韪良．沈弘，恽文捷，郝田虎，译．花甲忆记．桂林：广西师范大

学出版社，2004.

爱汉者等编，黄时鉴整理．东西洋考每月统记传．北京：中华书局，1997.

王立新．美国传教士与晚清中国现代化．天津：天津人民出版社，1997.

王扬宗．傅兰雅与近代中国的科学启蒙．北京：科学出版社，2000.

汪晓勤．中西科学交流的功臣．北京：科学出版社，2000.

钱钟书主编，执行主编朱维铮．郭嵩焘等使西记六种．北京：三联书店，1998.

钱钟书主编，执行主编朱维铮．万国公报文选．北京：三联书店，1998.

王林．西学与变法——《万国公报》研究．济南：齐鲁书社，2004.

马树德．中外文化交流史．北京：北京语言文化大学出版社，2000.

乐黛云，［法］李比雄．跨文化对话（二）．上海：上海文化出版社，1999.

［美］爱尼斯·安德逊．费振东，译．英国人眼中的大清王朝．北京：群言出版社，2002.

［意］马国贤．李天纲，译．清廷十三年——马国贤在华回忆录．上海：上海古籍出版社，2004.

阎宗临，阎守诚．传教士与法国早期汉学．郑州：大象出版社，2003.

［捷克］严嘉乐．丛林，李梅，译．中国来信（1716—1725）．郑州：大象出版社，2002.

［美］亨特．沈正邦，译．旧中国杂记．广州：广东人民出版社，2000.

许明龙．黄嘉略与早期法国汉学．北京：中华书局，2004.

赵元任．赵元任语言学论文集．北京：商务印书馆，2002.

［美］丹尼尔·J. 布尔斯廷．谢延光，译．美国人——民主的历程．上海：上海译文出版社，1997.

余光中．余光中散文选集（第3辑）．长春：时代文艺出版社，1997.

吴鲁芹．瞎三话四集．台北：九歌出版社，1997.

［德］海德格尔．孙周兴，译．在通向语言的途中．北京：商务印书馆，2004.

［美］卫三畏．陈俱，译．中国总论．上海：上海古籍出版社，2005.

［法］谢和耐，戴密微，等．耿昇，译．明清间耶稣会士入华与中西汇通．北京：东方出版社，2011.

2007年版后记

看完这本小书的校样，不觉产生如下想法：人到晚年，有饭可吃，有衣可穿，有书可读，有话可说，有老妻可作伴，百体无灾，天君无系，这算是一种什么样的境界呢？我想，诸葛先生所谓的“淡泊明志”“宁静致远”，也就是这个样子吧。

我们湖南人曾国藩是相信运气的。他在给郭嵩焘的信中说：

> 事会相薄，变化乘除，吾尝举功业之成败，名誉之优劣，文章之工拙，概以付之运气一囊之中，久而弥自信其说之不可易也。

他曾对人戏言：“他日有为吾作墓志者，铭文吾已撰：‘不信书，信运气；公之言，告万世。’”① “运气”这种东西，有宿命论的解释，有科学的解释。在宿命论者看来，上面说的“五有”“二无”之境乃前世注定，乃上天注定；从科学观点而言，运气取决于性格，运气取决于时机。好运靠个人拼搏而来，也靠时代的恩赐，个人的运气与国家的运气、民族的运气密不可分。百余年来的中华民族灾难深重，如今时来运转，我辈小民也就不愁吃穿、“有书可读”“有话可说”了。

所谓“有话可说”，无非是像鸟鸣于春、雷鸣于夏、虫鸣于

---

① 欧阳兆熊.《水窗春呓》. 17页，中华书局，1997.

秋、风鸣于冬而已，无非是像韩愈、孟东野之流，“皆以其所能鸣”。我，作为一个以汉语为母语的人，作为一名汉语研究工作者，理所当然要为汉语而鸣，为汉语的历史而鸣，为汉语的命运而鸣，为汉民族之兴盛而鸣，这本小书的主旨就在于此。

我绝非民族主义者，甚至很厌恶狭隘的民族主义，但我很不赞同阿尔温·托夫勒所言，在“第三次浪潮”中，“民族国家已经寿终正寝了”，“已遭到了来自内部和外部的毁灭性打击”。[①] 相反，地球村的诸多民族，正利用第三次浪潮，击水三千，扶摇而上，为语言多元化，文化多元化，怒而奋飞，“而后乃今将图南”。

中华腾飞，乃五千年一大变革之局也。由古代飞向现代，当以二百年为期。本书认为中国的现代化滥觞于 19 世纪 60 年代，到 21 世纪 60 年代，一个崭新的现代化中华将屹立于地球的东方。同时认为：“中国语文转向与中国文明模式的现代化几乎是同步进行的。正如中国现代化是命定的也是唯一理性的选择一样，中国的语文转向，同样是命定的，是唯一理性的选择。”本书提出现代书面语发展的五个阶段和三个来源，就是对以往百年语文转向的初步总结。

回顾汉语共同语的历史，是《三论》中的第二论。“一源三京”、两个南北朝造就了两种官话，以入声作为区分中古与近代普通话的重要标准、区分官话的性质与地位、普通话的发展“始于一归于一”的理论构架，就其完整性、系统性而言，均为本书独创，此亦文辞之“善鸣者”也。

---

① ［美］阿尔温·托夫勒．朱志焱，等，译．《第三次浪潮》．426 页，三联书店，1984.

在这样一个大变革大开放的时期，密切关注汉语未来的命运，完全是出于历史的责任感。我信奉为学术而学术，却不赞同玩学术而玩物丧志，更不赞同以学术为敲门砖。汉语兴亡，匹夫有责，岂敢因年老位卑默而不鸣！《全球化时代的汉语意识》，作为一个理论框架而言，亦为本书独创，也是扎硬寨打死仗的心血之作。

任何一个框架的构建，都要有事实为据，没有事实为据的理论是苍白无力的，是飞不起来的。

本书所使用的大量资料，是长年累月一条一条积攒起来的。绝大多数材料，都是亲眼所见亲手摘抄下来的。有的采自美国，有的摘自香港。其中有相当一部分材料来自专业以外的书籍。我所要解决的问题，在专业范围之内几乎找不到“铁证”。我断言辽金时期东北地区各民族以汉语作为通用语，并进而肯定东北官话与北京官话之间的内在联系，铁证就来自许亢宗的《行程录》。第一眼见到这条材料，我兴奋了好几天。在解决明清时期南京官话与北京官话的关系问题时，我提出要区分地位与性质的不同，“决定官话地位的三个条件”，“‘胡儿’学得汉儿语，又向汉儿传正音”……都是从材料中总结出来的，其中外国传教士所记载的汉语资料最为有用。我对入声问题的认识，段安节的《乐府杂录》以及清人方成培的《香研居词麈》，都提供了最有力的证据。《论全球化时代的汉语意识》究竟引用了多少种材料，我懒得去统计，但涉及面之广，搜集之勤，读者一看就能明白的。我无意堆砌材料，但要由材料抽象出理论，由理论构成框架。材料是人家的，而抽象过程是我自己完成的，理论框架是我自己构建的。材料只有抽象化、理论化，组织到系统中去，材料才能发挥作用。何种材料可以做栋梁，何种材料可以做门窗，何种材料可以打地基，运用之妙，存乎一心。从材料到理论，是一个极为艰辛的劳动过程，也是一个极为复杂的思考过程。最精要的理论，高度概括的理论，可能只是一句话或几句话，或者只是一条公式，而处理过的材料，保存下来的材料必须是一大堆。这不仅是立论的需要，也是对读者的尊重。读者可以根据材料检验你的理论，也可以根据材料引出新的结论。

一个新的学术领域的开辟，往往是“其作始也必简，其将毕也必巨”。[①]《三论》基本上属于“作始”之章，亦在“必简”之列；有“善鸣者”出，推出皇皇巨著，等待《三论》的，就是“用覆酱瓿”的命运了。即使如此，我也不会有“覆瓿书成空自苦”的慨叹[②]，夫抛砖而能引玉，何憾之有！

天高地迥，宇宙无穷；物物随化，新新不居；后水非前水，今形非昨形。《三论》为何物？随风而逝，不亦宜乎！

《三论》由语文出版社出版，并由南保顺先生担任责编，深表感激。

何九盈

2006 年 11 月 12 日

于蓝旗营抱冰庐

---

① 《庄子集解·人间世》. 中华书局，1987.

② 陆游.《病起镜中见白发……偶得长句》. 见《剑南诗稿校注》卷十七，1327 页，上海古籍出版社，2005.

2015 年版后记

《汉语三论》出版至今，已有八个年头了，读者反映还不错，有的先生还写了热情洋溢的书评，在此深表感谢。

为了适应不同读者的需要，现将《三论》改为两本小册子分别出版。改正了几十处印刷上的或原稿就有的文字上的错误，个别地方有所增删，基本内容没有什么改动。

《三论》之所以值得改版重印，是由于书中的主要内容、基本观点，不仅没有过时，而且仍然有自己的理论价值、实用价值。八年中也没有出现可以取而代之的类似著作。

个人认为：在整个全球化的历史发展过程中，“汉语意识”将始终是一个具有挑战性质的重大的尖锐的话题。“语文转向”也是语言决策者、语文教育工作者以及一切文字工作者共同关心的文化大业，白话文的发展离不开正确的方向和健全的理论指导。至于普通话的历史研究，还很不全面，个别问题的看法也是见仁见智。个人的研究如能起促进作用就心满意足了。

这些年来，我一直在思考一个问题：今后五百年、千年之内，汉语的生存状态将会如何？

预测的结论是：机遇与危机并存。

所谓“危机”，不是指存亡问题，而是能否保持强劲的竞争能力和无可替代的国际地位以及永远旺盛的语言自信心。

我们有足够的语言自信心吗？

无论是过去还是现在，无论是在国内还是在国外，对汉语缺乏信心的大有人在。

2013 年 10 月中信出版社出版了《李光耀论中国与世界》一书。该书第一章在讨论“中国实施民族复兴的主要障碍是什么?”时，李先生认为：

从内部看，主要挑战是文化、语言以及不能吸引、同化他国人才，今后还会面临治理方面的挑战。

我不知道中国在雇用外国人才时能否克服语言障碍及由此带来的困难，除非让英语成为主导语言，就像新加坡一样。

但新加坡在过去 40 年间努力把英语确立为第一语言，把汉语作为第二语言……我们这么做是为了向世界开放自己，使我们自己接触并利用那些促进发现、发明与创造力的主要力量，这些力量不仅存在于英语这门语言中，还存在于英语的思维方式中。

在新加坡这样的小型国家，我们可以运用强势的领导力做到这一点，虽然我曾经建议一位中国领导人把英语作为中国的第一语言，但对于一个自信的大国和文化而言，这显然是不现实的。但语言的确是一个严重的障碍。①

我相信李先生的这些意见、“建议”完全是友好的，是善意的。2013 年 11 月 8 日下午，我在给古汉语研究生讲《21 世纪的汉语史研究——促进汉语史学科发展的一些想法》时，对李先生的上述观点有所回应。

李先生“是我们尊敬的长者”，他对中国“主导语言”的看法、建议，属于顶层设计的国策范围，在中外读者群中一定会产生深远的影响，我们研究汉语的人不能漠不关心。

---

① 《李光耀论中国与世界》. 10、13 页，中信出版社，2013.

其实，我个人的看法很简单也很明确：李先生所谓的“主导语言”问题，对汉语而言是百分之百的危机，是无法估量的灾难性的危机。

在中国，不论任何一项顶层设计，都要考虑三个数字：一是5千年，二是13亿5千万，三是56个民族。如何对待语言问题，这三个数字尤为重要。

五千年文明史，留下了海量的文献资料，这笔财富是当今世界上任何一个民族、国家所没有的。这批代代相传的文献资料主要是用汉语汉字构建起来的，其中包含着丰富的智慧、经验和人类如何共同生存的哲思以及追求真善美的伟大进程。中国人如果改为以英语为“主导语言”，就等于自己割断自己的历史命脉，自己抛弃自己的核心价值观，自己毁灭自己的团结纽带，从而沦为失去民族特色的、仰人鼻息的只会赚钱、只会追求物质利益的高等技术动物。什么三皇五帝、唐诗宋词、十三经、二十四史，都见鬼去吧。“中国人”成了只会说英语的“假洋鬼子”，有哪个中国人希望看到这样的社会愿景呢！

“主导语言”，对于一个伟大民族的主导语言来说，她就是该民族的标志。包含着该民族的全部记忆、经验、智慧，是该民族生存发展的根据地，是千百万年发展演变的结晶。她的语音、词汇、语法结构、书写形式，都有着长期的、深厚的文化积淀。汉语、汉字和汉民族已经是骨肉关系，是不可分离割裂的。

从现实社会实际而言，一个有着13亿5千万人口的头等大国，靠什么力量凝聚在一起？中央政府用什么工具号令全体人民群众？我们有56个民族，有众多的民族语言，各民族之间的交往以什么作为交际工具？在历史上中华民族出现多次社会大分裂，靠什么纽带维持了形分而神不分的文化局面？一言以蔽之，靠的是汉语、汉字、汉文化。

汉语作为“主导语言”，功在千秋，利在当今。如果改为以英语为“主导语言”，社会混乱、分裂，立马可见。

所谓“主导语言”，起码应在以下七个方面起主导作用：学校教育，法律语言，政府公文，媒体用语，外交用语，学术用语，以及国内各民族的共同用语。在这些领域若均以英语为第一语言，以英语为“主导语言”，这就意味着，从幼儿园到高等学校，一律用英语，全国“两会”要用英语，新闻联播要用英语，接见外宾要用英语，秋菊打官司要用英语，研究“中国学”一律用英语，这里典型的自我殖民化，中华民族真的就要遭殃了。

历史经验告诉我们：中国现代化的最大障碍，既不是语言，也不是文化。是什么？首先是帝国主义的野蛮入侵，尤其是日本帝国主义，它给中国人民所造成的灾难，罄竹难书。只要世界上还存在霸权主义，还存在战争狂人，还存在侵略者，中国的现代化就潜藏着危机，汉语就存在危机。从国内而言，以往的军阀混战，经济凋敝，民不聊生，也是现代化的最大障碍。

汉语和汉字从来就不是社会发展的障碍。赵元任说：“汉语就其普遍性而言，跟世界各种语言相比，得分是很高的，它可以和西方古代的拉丁语的地位相比，甚至高出拉丁语。”“世界上有这么多的人讲汉语，因此历来有人主张把汉语作为世界语言的可能的候选者。”① 又说，“汉语的文字系统，即使把简化字考虑在

① 《谈谈汉语这个符号系统》．见《赵元任语言学论文集》，888页，商务印书馆，2002.

内，当然是很不简单的，可是它在优美性尺度上的等级是高的。”[①] “汉语的文字系统，外族人固然感到困难，本族儿童也不容易学会……另一方面，一旦学会了汉语的文字系统，它的丰富的花样就有助于辨认，这比多次复现同一些少量的要素来得优越。”[②] 又说：“人们学会了一千个字之后就能猜测新字的读音而且有时能猜对。开头的一千个字是难的。”

赵元任是语言大师，长期生活在美国，精通多种语言，他对自己的母语充满信心，充满赞美之情，这种信心、赞美不只是情感的流露，而是以科学比较、客观分析为基础的。热衷于自我殖民化的人，比赵元任还更了解汉语和英语吗？

我以为世界上各种语言文字，都是了不起的伟大创造，都有自己的优缺点，对他者而言都会构成一定的障碍，这是上帝造成的。只要巴别塔还不能通天，我们就要正视障碍，可以超越，而不是拆除。至于谁是“主导”，谁该排“第一”，谁该排“第二”，基本上不取决于语言自身，而是取决于权力，在权力的躯壳中又隐藏着一整套不同的核心价值。也就是说：语言—权力—价值，三位一体。语言的失落，也就是权力的失落，价值的失落，这已为古今中外无数历史事实所证实。远的不说，苏联解体，东欧转向，俄语的命运立即随之改变，这是尽人皆知的事实。

同样也是尽人皆知的事实，现在有人要向全世界推行自己的核心价值观，公开宣言要“领导”全世界，他们的总统要“总

① 《谈谈汉语这个符号系统》. 见《赵元任语言学论文集》, 879页，商务印书馆，2002.

② 《赵元任语言学论文集》. 881、886页，商务印书馆，2002.

统”全世界；谁敢不服，就斥之为“民族主义”“保守主义”；再不服，就继之以“封锁”“制裁”“打击”；我们能离开这样的国际环境来读什么更换“主导语言”吗！

以英语作为工具和以英语作为“主导”，无论是性质还是后果，都是迥然不同的。作为工具，英语无疑要受到高度重视。让他君临汉语之上，使汉语边缘化，性质就变了，后果也就严重了。

语言问题从来就与民族兴亡相关，这么浅显的道理都不懂，或者不敢正视，尊严、独立、自主、自信，从何谈起！

尊敬的读者（包括未来千百年内的读者），请记住我的话：只要地球村还没有进入永久的和平时代，汉语的生存状态就只能是机遇与危机并存。

人类还很年轻，还会犯很多错误，战争仍然有正义和非正义之分，和平时代的到来，战争的永远结束，不知道要经过多少代人才能实现。因此，以汉语为母语的人们，抓住机遇，化解危机，既是当代人的责任，也是子孙后代的责任！

何九盈

2014 年 8 月 9 日

于北京西郊抱冰庐